Das beste Diät-Koc

Schnell und einfach Low Carb Hausmannskost kochen.

Kochbuch mit leckeren Rezepten, um Gewicht zu verlieren, Hormone auszugleichen, die Gesundheit des Gehirns zu fördern und Krankheiten zu bekämpfen.

Jessica Cooper

Inhaltsverzeichnis

—

Die Informationen auf den folgenden Seiten werden im Großen und Ganzen als wahrheitsgemäße und genaue Darstellung von Tatsachen betrachtet, und als solche liegen alle daraus resultierenden Handlungen ausschließlich in der Verantwortung des Lesers, wenn er die Informationen nicht beachtet, verwendet oder missbraucht. Es gibt keine Szenarien, in denen der Herausgeber oder der ursprüngliche Autor dieses Werkes in irgendeiner Weise für Härten oder Schäden haftbar gemacht werden kann, die ihnen nach der Aufnahme der hier beschriebenen Informationen entstehen könnten.

Darüber hinaus dienen die Angaben auf den folgenden Seiten ausschließlich Informationszwecken und sind daher als allgemeingültig zu betrachten. Sie werden ihrer Natur entsprechend ohne Gewähr für ihre dauerhafte Gültigkeit oder Zwischenqualität präsentiert. Die Erwähnung von Warenzeichen erfolgt ohne schriftliche Zustimmung und kann in keiner Weise als Zustimmung des Warenzeicheninhabers gewertet werden.

EINLEITUNG

Die ketogene Diät ist eine der beliebtesten Methoden, um auf gesunde Weise Gewicht zu verlieren. Die Diät besteht aus Lebensmitteln, die wenig Kohlenhydrate und viel Fett enthalten. Dies ist die Art von Diät, die sehr hilfreich ist, wenn Sie schnell Gewicht verlieren müssen. Sie können diese Diät befolgen, während Sie eine Crash-Diät machen, um von überschüssigem Körperfett abzunehmen

Vorteile der ketogenen Diät

Bei der ketogenen Diät verwenden Sie hohe Mengen an Fett als Ihre Hauptenergiequelle. Es gibt verschiedene Arten von Fetten, die für diesen Zweck verwendet werden, aber hauptsächlich sind gesunde Fette wie Kokosnussöl, Olivenöl, Avocadoöl und Fischöl vorhanden. Die Vitamine und Mineralien werden auch durch Gemüse und Avocados geliefert. Die essentiellen Nährstoffe sind für den Stoffwechsel von Fetten und Lipiden unerlässlich. Die Keto-Diät reduziert die Menge an Zucker und Kohlenhydraten, die konsumiert werden, und erhöht die Menge an Eiweißzufuhr. Der Körper verwendet dann die gespeicherte Glukose zur Energiegewinnung, anstatt alle zugeführten Fette und Proteine zu verbrauchen, was zu einer Gewichtsabnahme führen kann.

Der Körper verwendet dann die gespeicherte Glukose zur Energiegewinnung, anstatt alle zugeführten Fette und Proteine zu verbrauchen, was zu einer Gewichtsabnahme führen kann.

Mit dem KETO DIET COOKBOOK können Sie Ihre Diät noch einfacher gestalten. Das Buch soll Ihnen beim Abnehmen helfen, indem es Ihnen zeigt, wie Sie Mahlzeiten zubereiten, die wenig Kohlenhydrate und viel Fett und Eiweiß enthalten.

Das KETO DIET COOKBOOK bietet eine große Vielfalt an Rezepten, so dass Sie für jede Geschmacksrichtung eine Option finden werden. Das Buch enthält Rezepte für Frühstück, Mittagessen, Abendessen, Dessert und Snacks. Die Möglichkeiten sind endlos!

Die KETO-Diät hat viele Vorteile. Früher haben die Menschen nicht genug Fett und Eiweiß gegessen, so dass sie aufgrund des Ungleichgewichts der Makronährstoffe Schwierigkeiten hatten, Gewicht zu verlieren. Eine KETO-Diät hilft, dieses Problem zu beheben, indem sie das richtige Verhältnis der Makronährstoffe liefert und weniger Kohlenhydrate zulässt.

Egal, ob Sie abnehmen und Ihren Körper straffen möchten oder einfach nur Ihre Kohlenhydrataufnahme reduzieren und gesünder werden wollen, das Keto-Diät-Kochbuch wird Ihnen helfen, den ersten Schritt in Richtung Ihrer Ziele zu machen.

Machen Sie sich bereit, Gewicht zu verlieren! Die KETO-Diät revolutioniert die Art und Weise, wie wir das Abnehmen betrachten. Wir reden hier nicht über eine Modediät. Wir reden über einen ganz natürlichen Plan, der auf hochwertigen, kohlenhydratarmen Lebensmitteln basiert.

Die KETO-Diät hilft Menschen nachweislich beim Abnehmen. In der Tat fand eine Studie heraus, dass die KETO-Diät Menschen half, 25 % ihres Körpergewichts in nur 24 Wochen zu verlieren! Eine andere 6-monatige Studie ergab, dass die KETO-Diät in Bezug auf die Gewichtsabnahme effektiver war als eine ähnliche kalorienarme Diät. Und eine weitere Studie ergab, dass die KETO-Diät im Vergleich zu anderen populären Diäten die effektivste Diät zur Reduzierung des Körperfettanteils war.

Die KETO-Diät bietet einen nährstoffreichen Ernährungsplan, der nicht auf dem Zählen von Kalorien oder Kohlenhydraten basiert. Es ist ein natürlicher Weg für Ihren Körper, Fett als Brennstoff zu verbrennen und den Insulinspiegel zu regulieren. Es ist auch eine köstliche Art, Gewicht zu verlieren, weil es Ihnen erlaubt, so viel zu essen, wie Sie wollen, ohne sich hungrig zu fühlen!

Kohlrabi & Artischocken-Huhn

Zubereitungszeit: 5 Minuten

Kochzeit: 40 Minuten

Portionen: 2

ZUTATEN:

- 4 oz Frischkäse
- 2 Hühnerbrüste
- 4 Unzen Artischockenherzen aus der Dose, gehackt
- 1 Tasse Rübengrün
- ¼ Tasse Pecorino-Käse, gerieben
- ½ Esslöffel Zwiebelpulver
- ½ Esslöffel Knoblauchpulver
- Salz und schwarzer Pfeffer nach Geschmack
- 2 oz Monterrey Jack, zerkleinert

ANWEISUNG

1. Eine Auflaufform mit Pergamentpapier auslegen und die Hähnchenbrüste hineinlegen.
2. Mit schwarzem Pfeffer und Salz würzen.
3. In den Ofen bei 350 F stellen und 35 Minuten lang backen.
4. Vermengen Sie in einer Schüssel die Artischocken mit Zwiebelpulver, Pecorino-Käse, Salz, Rübenkraut, Frischkäse, Knoblauchpulver und schwarzem Pfeffer.
5. Das Hähnchen aus dem Ofen nehmen, jedes Stück halbieren, die Artischockenmischung darauf verteilen, mit Monterrey-Käse bestreichen und weitere 5 Minuten backen.

ERNÄHRUNG: Pro Portion: Kal 443; Fett 24,5g; Netto-Kohlenhydrate 4,2g; Protein 35,4g

Huhn in Erdnusskruste

Zubereitungszeit: 18 Minuten

Kochzeit: 12 Minuten

Portionen: 2

ZUTATEN:

- 1 Ei
- Salz und schwarzer Pfeffer, nach Geschmack
- 3 Esslöffel Rapsöl
- 1 ½ Tassen Erdnüsse, gemahlen
- 2 Hähnchenbrusthälften, ohne Knochen und ohne Haut
- Zitronenscheiben zum Garnieren

RICHTLINIE:

1. Verquirlen Sie das Ei in einer Schüssel und geben Sie die Erdnüsse in eine andere.
2. Das Hähnchen würzen, in das Ei und dann in die Erdnüsse tauchen.
3. Erhitzen Sie Öl in einer Pfanne bei mittlerer Hitze und braten Sie das Hähnchen 2 Minuten pro Seite an. Hähnchenteile auf ein Backblech legen, in den Ofen schieben und 10 Minuten bei 360 F backen.
4. Mit Zitronenscheiben garniert servieren.

ERNÄHRUNG: Pro Portion: Kal 634; Fett 51g; Netto-Kohlenhydrate 4,7g; Protein 46g

Knusprige Hähnchen-Nuggets

Zubereitungszeit: 5 Minuten

Kochzeit: 20 Minuten

Portionen: 2

ZUTATEN:

- 2 Esslöffel Ranch-Dressing
- ½ Tasse Mandelmehl
- 1 Ei
- 2 Esslöffel Knoblauchpulver
- 2 Hühnerbrüste, gewürfelt
- Salz und schwarzer Pfeffer, nach Geschmack
- 1 Esslöffel Butter, geschmolzen

RICHTLINIE:

1. Heizen Sie den Ofen auf 400 F vor und fetten Sie eine Auflaufform mit der Butter ein.
2. In einer Schüssel Salz, Knoblauchpulver, Mehl und schwarzen Pfeffer vermischen und umrühren.
3. Schlagen Sie das Ei in einer separaten Schüssel auf.
4. Geben Sie die Hähnchenwürfel in die Eimischung, dann in die Mehlmischung.
5. Im Ofen 18-20 Minuten backen, nach der Hälfte der Zeit wenden, bis sie goldgelb und knusprig sind.
6. Auf Papiertüchern herausnehmen, das überschüssige Fett abtropfen lassen und mit Ranch-Dressing servieren.

ERNÄHRUNG: Pro Portion: Kal 473; Fett 31g; Netto-Kohlenhydrate 7,6g; Protein 43g

Gebratenes Huhn mit grünen Bohnen und Brokkoli

Zubereitungszeit: 8 Minuten

Kochzeit: 22 Minuten

Portionen: 2

ZUTATEN:

- 2 Hähnchenbrüste, in Streifen geschnitten
- 2 Esslöffel Olivenöl
- 1 Teelöffel rote Paprikaflocken
- 1 Teelöffel Zwiebelpulver
- 1 Esslöffel frischer Ingwer, gerieben
- ¼ Tasse Tamari-Sauce
- ½ Teelöffel Knoblauchpulver
- ½ Tasse Wasser
- ½ Tasse Xylitol
- 2 Unzen grüne Bohnen, gehackt
- ½ Teelöffel Xanthangummi
- ½ Tasse grüne Zwiebeln, gehackt
- ½ Kopf Brokkoli, in Röschen geschnitten

RICHTLINIE:

1. Grüne Bohnen in einem Topf in Salzwasser 2-3 Minuten dünsten; beiseite stellen.
2. Stellen Sie eine Pfanne auf mittlere Hitze und erhitzen Sie das Öl, braten Sie das Huhn und den Ingwer darin 4 Minuten lang.

3. Rühren Sie das Wasser, das Zwiebelpulver, die Paprikaflocken, das Knoblauchpulver, die Tamari-Sauce, das Xanthan und das Xylit ein, und kochen Sie 15 Minuten lang.

4. Fügen Sie die grünen Zwiebeln, die grünen Bohnen und den Brokkoli hinzu, und kochen Sie 6 Minuten lang.

ERNÄHRUNG: Pro Portion: Kal 411; Fett 25g; Netto-Kohlenhydrate 6,2g; Protein 28g

Hähnchenbrüste mit cremiger Grünkohlsauce

Zubereitungszeit: 3 Minuten

Kochzeit: 12 Minuten

Portionen: 2

ZUTATEN:

- 2 Hühnerbrüste
- 2 Esslöffel schwere Sahne
- 4 Esslöffel Butter
- Salz und schwarzer Pfeffer, nach Geschmack
- 1 Tasse Grünkohl
- 1 Teelöffel frischer Salbei

RICHTLINIE:

1. Stellen Sie die Pfanne auf mittlere Hitze und erwärmen Sie die Hälfte der Butter.

2. Geben Sie die schwere Sahne hinein und kochen Sie 2 Minuten lang.

3. Grünkohl hinzugeben und weitere 2-3 Minuten kochen, bis er verwelkt ist.

4. Schmelzen Sie in einer anderen Pfanne die restliche Butter und geben Sie die Hähnchenbrüste hinein.

5. 4 Minuten kochen, umdrehen und weitere 3 Minuten kochen.

6. Auf eine flache Unterlage geben, einige Minuten abkühlen lassen und in Scheiben schneiden.

7. Das Hähnchen auf einer Platte anrichten und mit der Sauce beträufeln.

8. Zum Servieren mit Salbei bestreuen.

ERNÄHRUNG: Pro Portion: Kal 533; Fett 42g; Netto-Kohlenhydrate 3,2g; Protein 33g

Thymian-Hähnchen mit Champignons & Steckrüben

Zubereitungszeit: 8 Minuten

Kochzeit: 40 Minuten

Portionen: 4

ZUTATEN:

- 2 Esslöffel Olivenöl
- 4 Esslöffel Butter
- 1 Pfund Hähnchenbrust, ohne Haut, eingekerbt
- 4 Esslöffel Weißwein
- 3 Tassen gemischte Champignons, zerrupft
- 1 Rübe, in Scheiben geschnitten
- 2 Tassen Wasser
- 2 Knoblauchzehen, gehackt
- 4 Zweige Thymian, gehackt
- 3 Zitronen, entsaftet
- Salz und schwarzer Pfeffer nach Geschmack
- 2 Esslöffel Dijon-Senf

RICHTLINIE:

1. Heizen Sie den Ofen auf 450 F vor.
2. Die Rüben auf einem Backblech anrichten, mit etwas Öl beträufeln und 15 Minuten backen; dann beiseite stellen.
3. Mischen Sie in einer Schüssel gleichmäßig das Hähnchen, die gebratenen Rüben, die Pilze, den Knoblauch, den Thymian, den Zitronensaft, das Salz, den Pfeffer und den Senf.

4. Verteilen Sie die Hähnchenmischung auf große Blätter Alufolie, geben Sie den Weißwein, das Olivenöl und einen Esslöffel Butter auf jedes Blatt.

5. Verschließen Sie die Ränder, um Pakete zu bilden.

6. Auf ein Backblech legen und das Hähnchen in der Mitte des Ofens 25 Minuten lang backen.

ERNÄHRUNG: Pro Portion: Kal 364; Fett 16,5g; Netto-Kohlenhydrate 4,6g; Protein 25g

Würzige Hähnchen-Dipper mit hausgemachtem Ketchup

Zubereitungszeit: 40 Minuten

Kochzeit: 10 Minuten

Portionen: 4

ZUTATEN

- 1 lb. Hühnerbrüste
- Salz und schwarzer Pfeffer, nach Geschmack
- 1 Ei
- ½ Tasse Mandelmehl
- ¼ Tasse Parmesankäse, gerieben
- ½ Teelöffel Knoblauchpulver
- 1 Teelöffel getrocknete Petersilie
- ½ Teelöffel Thymian
- 3 Esslöffel Olivenöl
- 2 Unzen Mozzarella-Käse, geraspelt
- 14 oz Dosentomaten, gehackt
- 1 Esslöffel Tomatenmark
- ½ Esslöffel Xylitol
- 1 Esslöffel Balsamico-Essig
- 1 Tasse Tomatensauce
- 1 Esslöffel Basilikum, gehackt

RICHTLINIE:

1. Kombinieren Sie in einem Topf bei mittlerer Hitze Tomaten, Tomatenmark, Xylit und Balsamico-Essig und bringen Sie sie zum Kochen.
2. 5-6 Minuten unter häufigem Rühren kochen, bis sie eindickt.
3. Schmecken Sie die Würze ab und passen Sie sie an.
4. Mit Thymian bestreuen und beiseite stellen.
5. Schneiden Sie die Brüste in Streifen.
6. Vermengen Sie in einer Schüssel das Mandelmehl mit Petersilie, Parmesankäse, Pfeffer, Thymian, Knoblauchpulver und Salz.
7. Verquirlen Sie in einer separaten Schüssel das Ei mit schwarzem Pfeffer und Salz.
8. Tauchen Sie das Hähnchen in das Ei und dann in die Mandelmehlmischung.
9. Erhitzen Sie eine Pfanne bei mittlerer Hitze und erhitzen Sie 2 EL Olivenöl und braten Sie das Hähnchen darin ca. 3 - 4 Minuten, bis es goldbraun ist.
10. Auf Papiertüchern abtropfen lassen, um das überschüssige Öl aufzusaugen.
11. Warm mit dem Ketchup servieren.

ERNÄHRUNG: Pro Portion: Kal 336; Fett 21g; Netto-Kohlenhydrate 7,7g; Protein 25,4g

Indisches Huhn mit Champignons

Zubereitungszeit: 20 Minuten

Kochzeit: 25 Minuten

Portionen: 4

ZUTATEN:

- 2 Esslöffel Butter
- 1 Pfund Hähnchenbrust, der Länge nach aufgeschnitten
- 1 Esslöffel Olivenöl
- 1 Tasse Champignons
- 1 ¼ Tassen schwere Schlagsahne
- 1 Esslöffel Koriander, gehackt
- Salz und schwarzer Pfeffer, nach Geschmack

- Garam masala
- 1 Teelöffel gemahlener Kreuzkümmel
- 2 Teelöffel gemahlener Koriander
- 1 Teelöffel gemahlener Kardamom
- 1 Teelöffel Kurkuma
- 1 Teelöffel Ingwer
- 1 Teelöffel Paprika
- 1 Teelöffel Cayennepfeffer, gemahlen
- 1 Prise gemahlene Muskatnuss

ANWEISUNG UND GESAMTZEIT: ca. 45 Minuten

1. Um das Garam Masala zuzubereiten, mischen Sie in einer Schüssel alle Garam Masala-Gewürze.
2. Bestreichen Sie das Hähnchen mit der Hälfte der Masala-Mischung.
3. Erhitzen Sie das Olivenöl und die Butter in einer Bratpfanne bei mittlerer Hitze und braten Sie das Hähnchen 3-5 Minuten pro Seite.
4. Übertragen Sie sie in eine Auflaufform.
5. Heizen Sie den Ofen auf 370 F vor.
6. Geben Sie zum restlichen Masala schwere Sahne und Pilze hinzu.
7. Mit Salz und schwarzem Pfeffer würzen und über das Hähnchen gießen.
8. Im Backofen 20 Minuten backen, bis die Masse anfängt zu blubbern.
9. Zum Servieren mit gehacktem Koriander garnieren.

ERNÄHRUNG: Pro Portion: Kal 553; Fett 49,5g; Netto-Kohlenhydrate 4,5g; Protein 32,5g

Käsige Pinwheels mit Huhn

Zubereitungszeit: 5 Minuten

Kochzeit: 25 Minuten

Portionen: 2

ZUTATEN:

- 2 Esslöffel Ghee
- 1 Knoblauch, gehackt
- 1/3 lb. Hühnerbrüste, gewürfelt
- 1 Teelöffel kreolisches Gewürz
- 1/3 rote Zwiebel, gehackt
- 1 Tomate, gewürfelt
- ½ Tasse Hühnerbrühe
- ¼ Tasse Schlagsahne
- ½ Tasse Mozzarella, gerieben
- ¼ Tasse frischer Koriander, gehackt
- Salz und schwarzer Pfeffer, nach Geschmack
- 4 oz Frischkäse
- 5 Eier
- Eine Prise Knoblauchpulver

RICHTLINIE:

1. Würzen Sie das Huhn mit kreolischem Gewürz.
2. Erhitzen Sie eine Pfanne bei mittlerer Hitze und erwärmen Sie 1 Esslöffel Ghee.

3. Hähnchen zugeben und auf jeder Seite 2 Minuten braten; auf einen Teller nehmen.

4. Das restliche Ghee schmelzen und Knoblauch und Tomate einrühren; 4 Minuten kochen.

5. Das Hähnchen wieder in die Pfanne geben und mit Brühe aufgießen; 15 Minuten kochen lassen.

6. Schlagsahne, rote Zwiebeln, Salz, Mozzarella-Käse und schwarzen Pfeffer hineingeben; 2 Minuten kochen lassen.

7. Kombinieren Sie in einem Mixer Frischkäse mit Knoblauchpulver, Salz, Eiern und schwarzem Pfeffer, und pulsieren Sie gut.

8. Geben Sie die Mischung auf ein ausgekleidetes Backblech und backen Sie sie 10 Minuten lang im Ofen bei 320 F.

9. Lassen Sie das Käseblatt abkühlen, legen Sie es auf ein Schneidebrett, rollen Sie es auf und schneiden Sie es in mittelgroße Scheiben.

10. Die Scheiben auf einer Servierplatte anrichten und mit der Hähnchenmischung belegen.

11. Zum Servieren mit Koriander bestreuen.

ERNÄHRUNG: Pro Portion: Kal 463; Fett 36g; Netto-Kohlenhydrate 6,3g; Protein 35g

FLEISCH

Rosmarin-Rindslende

Zubereitungszeit: 10 Minuten

Kochzeit: 50 Minuten

Portionen: 10

ZUTATEN

- 1 (3 Pfund) Rinderlendenbraten aus Grasfütterung mit Mittelschnitt
- 4 Knoblauchzehen, gehackt
- 1 Esslöffel frischer Rosmarin, gehackt und geteilt
- Salz und gemahlener schwarzer Pfeffer, je nach Bedarf

- 2 Esslöffel Olivenöl

RICHTUNG:

1. Heizen Sie Ihren Ofen auf 425°F vor.
2. Fetten Sie einen großen flachen Bratentopf ein.
3. Legen Sie das Rindfleisch in den vorbereiteten Bratentopf.
4. Das Rindfleisch mit Knoblauch, Rosmarin, Salz und schwarzem Pfeffer einreiben und mit Öl beträufeln.
5. Braten Sie das Rindfleisch für ca. 45-50 Minuten.
6. Aus dem Ofen nehmen und den Braten für ca. 10 Minuten auf ein Schneidebrett legen.
7. Das Rinderfilet mit einem scharfen Messer in beliebig große Scheiben schneiden und servieren.

ERNÄHRUNG: Kalorien 314 Netto-Kohlenhydrate 0,4 g Gesamtfett 16,9 g Gesättigtes Fett 5,7 g Cholesterin 113 mg Natrium 99 mg Gesamt-Kohlenhydrate 0,6 g Ballaststoffe 0,2 g Zucker 0 g Protein 37,8 g

Rindfleisch-Wellington

Zubereitungszeit: 20 Minuten

Kochzeit: 40 Minuten

Portionen: 4

ZUTATEN

- 2 (4-Unzen) Rinderlendensteaks aus Gras, halbiert
- Salz und gemahlener schwarzer Pfeffer, je nach Bedarf
- 1 Esslöffel Butter
- 1 Tasse Mozzarella-Käse, zerkleinert
- ½ Tasse Mandelmehl
- 4 Esslöffel Leberpastete

RICHTUNG:

1. Heizen Sie Ihren Ofen auf 400°F vor.

2. Fetten Sie ein Backblech ein.

3. Die Steaks gleichmäßig mit Salz und schwarzem Pfeffer würzen.

4. In einer Bratpfanne die Butter bei mittlerer Hitze schmelzen und die Rindersteaks ca. 2-3 Minuten pro Seite anbraten.

5. Nehmen Sie die Pfanne vom Herd und stellen Sie sie zum vollständigen Abkühlen beiseite.

6. Geben Sie den Mozzarella-Käse in eine mikrowellengeeignete Schüssel und stellen Sie ihn für ca. 1 Minute in die Mikrowelle.

7. Aus der Mikrowelle nehmen und sofort das Mandelmehl einrühren, bis ein Teig entsteht.

8. Legen Sie den Teig zwischen 2 Pergamentpapierstücke und rollen Sie ihn mit einem Nudelholz flach.

9. Entfernen Sie das obere Stück Pergamentpapier.

10. Teilen Sie den ausgerollten Teig in 4 Stücke.

11. Auf jedes Teigstück 1 Esslöffel Pastete geben und mit 1 Steakstück belegen.

12. Bedecken Sie jedes Steakstück vollständig mit Teig.

13. Verteilen Sie die zugedeckten Steakstücke in einer einzigen Schicht auf dem vorbereiteten Backblech.

14. Etwa 20-30 Minuten backen oder bis der Teig goldbraun ist.

15. Warm servieren.

ERNÄHRUNG: Kalorien 545 Netto-Kohlenhydrate 3,9 g Gesamtfett 36,6 g Gesättigtes Fett 11,3 g Cholesterin 19mg Natrium 459 mg Kohlenhydrate insgesamt 6,9 g Ballaststoffe 3 g Zucker 1 g Eiweiß 48,2 g

Rindfleisch mit Pilzsauce

Zubereitungszeit: 15 Minuten

Kochzeit: 28 Minuten

Portionen: 4

ZUTATEN

- Pilzsauce
- 2 Esslöffel Butter
- 3 Knoblauchzehen, gehackt
- 1 Teelöffel getrockneter Thymian
- 1½ Tassen frische Champignons, in Scheiben geschnitten
- Salz und gemahlener schwarzer Pfeffer, je nach Bedarf
- 7 Unzen Frischkäse, erweicht
- ½ Tasse schweres Ries

- Steak
- 4 (6-ounces) Rinderfiletfilets aus Weidehaltung
- Salz und gemahlener schwarzer Pfeffer, je nach Bedarf
- 2 Esslöffel Butter

RICHTUNG:

1. Für die Pilzsauce: In einem Wok die Butter bei mittlerer Hitze schmelzen und den Knoblauch und den Thymian etwa 1 Minute lang anbraten.
2. Die Champignons, Salz und schwarzen Pfeffer einrühren und unter häufigem Rühren ca. 5-7 Minuten kochen.
3. Stellen Sie nun die Hitze auf niedrig und rühren Sie den Frischkäse ein, bis er glatt ist.
4. Sahne einrühren und ca. 2-3 Minuten oder bis zur vollständigen Erwärmung kochen.
5. Inzwischen die Rinderfilets gleichmäßig mit Salz und schwarzem Pfeffer einreiben.
6. In einem großen gusseisernen Wok die Butter bei mittlerer Hitze schmelzen und die Filets ca. 5-7 Minuten pro Seite braten.
7. Nehmen Sie den Wok mit der Pilzsoße vom Herd und rühren Sie den Speck ein.
8. Legen Sie die Filets auf Servierteller und servieren Sie sie mit der Pilzsoße.

ERNÄHRUNG: Kalorien 687 Netto-Kohlenhydrate 3,1 g Gesamtfett 60 g Gesättigtes Fett 27,6 g Cholesterin 262 mg Natrium 375 mg Gesamt-Kohlenhydrate 3,5 g Ballaststoffe 0,4 g Zucker 0,6 g Protein 54,4 g

Lammkarree mit Kräutern

Zubereitungszeit: 15 Minuten

Kochzeit: 29 Minuten

Portionen: 8

ZUTATEN

- 2 (2½ Pfund) Lammkarrees aus Weidehaltung, Kinnknochen entfernt und zurechtgeschnitten
- Salz und gemahlener schwarzer Pfeffer, je nach Bedarf
- 2 Esslöffel Dijon-Senf
- 2 Teelöffel frischer Rosmarin, gehackt
- 2 Teelöffel frische Petersilie, gehackt
- 2 Teelöffel frischer Thymian, gehackt

RICHTUNG:

1. Heizen Sie den Holzkohlegrill auf hohe Hitze vor. Fetten Sie den Grillrost ein.

2. Das Lammkarree gleichmäßig mit Salz und schwarzem Pfeffer würzen.

3. Bestreichen Sie die fleischigen Seiten der Racks mit Senf, gefolgt von frischen Kräutern, und drücken Sie sie leicht an.

4. Schieben Sie die Kohlen vorsichtig auf eine Seite des Grills.

5. Lammkarrees mit der Fleischseite nach unten über die Kohlen legen und ca. 6 Minuten garen.

6. Wenden Sie nun die Racks und garen Sie sie noch ca. 3 Minuten.

7. Klappen Sie die Roste wieder um und gehen Sie auf die kühlere Seite des Grills.

8. Decken Sie den Grill ab und garen Sie ihn für ca. 20 Minuten.

9. Vom Grill nehmen und die Lammrücken für ca. 10 Minuten auf ein Schneidebrett legen.

10. Die Lammracks mit einem scharfen Messer in Koteletts tranchieren und servieren.

ERNÄHRUNG: Kalorien 532 Netto-Kohlenhydrate 0,2 g Gesamtfett 21 g Gesättigtes Fett 7,5 g Cholesterin 255 mg Natrium 280 mg Kohlenhydrate insgesamt 0,6 g Ballaststoffe 0,4 g Zucker 0 g Eiweiß 79,8 g

Gebratene Lammkeule

Zubereitungszeit: 15 Minuten

Kochzeit: 1½ Stunden

Portionen: 8

ZUTATEN

- 1/3 Tasse frische Petersilie, gehackt
- 4 Knoblauchzehen, gehackt
- 1 Teelöffel frische Zitronenschale, fein gerieben
- 1 Esslöffel gemahlener Koriander
- 1 Esslöffel gemahlener Kreuzkümmel
- 1 Esslöffel geräucherter Paprika
- 1 Esslöffel rote Paprikaflocken, fein zerstoßen
- ½ Teelöffel gemahlener Piment
- 1/3 Tasse Olivenöl

- 1 (5 Pfund) grasgefütterte Lammkeule mit Knochen, zurechtgeschnitten

RICHTUNG:

1. Geben Sie alle Zutaten (außer der Lammkeule) in eine große Schüssel und mischen Sie sie gut.
2. Die Lammkeule großzügig mit der Marinadenmischung bestreichen.
3. Die Lammkeule mit einer Frischhaltefolie abdecken und im Kühlschrank ca. 6-8 Stunden marinieren lassen.
4. Aus dem Kühlschrank nehmen und vor dem Braten ca. 30 Minuten bei Raumtemperatur stehen lassen.
5. Heizen Sie den Ofen auf 350°F vor. Ordnen Sie den Ofenrost in der Mitte des Ofens an.
6. Legen Sie einen leicht gefetteten Rost in den Bratentopf.
7. Legen Sie die Lammkeule über den Rost in den Bratentopf.
8. Etwa 1¼-1½ Stunden braten, dabei die Pfanne nach der Hälfte der Zeit einmal drehen.
9. Aus dem Ofen nehmen und die Lammkeule für ca. 10-15 Minuten auf ein Schneidebrett legen.
10. Schneiden Sie die Lammkeule mit einem scharfen Messer in Scheiben der gewünschten Größe und servieren Sie sie.

ERNÄHRUNG: Kalorien 610 Netto-Kohlenhydrate 1,3 g Gesamtfett 29,6 g Gesättigtes Fett 8,7 g Cholesterin 255 mg Natrium 219 mg Kohlenhydrate insgesamt 2 g Ballaststoffe 0,7 g Zucker 0,2 g Eiweiß 80,1 g

Gefülltes Schweinefilet

Zubereitungszeit: 20 Minuten

Garzeit: 1 Stunde 20 Minuten

Portionen: 3

ZUTATEN

- 1 Pfund Schweinefilet
- 1 Esslöffel ungesalzene Butter
- 2 Teelöffel Knoblauch, gehackt
- 2 Unzen frischer Spinat
- 4 Unzen Frischkäse, erweicht
- 1 Teelöffel Flüssigrauch
- Salz und gemahlener schwarzer Pfeffer, je nach Bedarf

RICHTUNG:

1. Heizen Sie Ihren Ofen auf 350°F vor.

2. Legen Sie eine Auflaufform mit einem Stück Folie aus.

3. Legen Sie das Schweinefilet zwischen 2 Plastikfolien und klopfen Sie es mit einem Fleischklopfer flach.

4. Schneiden Sie die Ränder des Filetstücks vorsichtig ein, um es zu einem Rechteck zu formen.

5. Schmelzen Sie die Butter in einem großen Wok bei mittlerer Hitze und braten Sie den Knoblauch etwa 1 Minute lang an.

6. Fügen Sie den Spinat, den Frischkäse, den Flüssigrauch, das Salz und den schwarzen Pfeffer hinzu und kochen Sie ca. 3-4 Minuten.

7. Nehmen Sie den Wok vom Herd und lassen Sie ihn leicht abkühlen.

8. Legen Sie die Spinatmischung etwa ½ Zoll von den Rändern entfernt auf das Schweinefilet.

9. Rollen Sie das Filet vorsichtig zu einem Klotz und sichern Sie es mit Zahnstochern.

10. Legen Sie das Filet mit der Nahtseite nach unten in die vorbereitete Auflaufform.

11. Backen Sie für etwa 1¼ Stunden.

12. Nehmen Sie die Auflaufform aus dem Ofen und lassen Sie sie vor dem Schneiden etwas abkühlen.

13. Schneiden Sie das Filet in Scheiben der gewünschten Größe und servieren Sie es.

ERNÄHRUNG: Kalorien 389 Netto-Kohlenhydrate 1,8 g Gesamtfett 22,4 g Gesättigtes Fett 12,6 g Cholesterin 162 mg Natrium 291 mg Gesamt-Kohlenhydrate 2,3 g Ballaststoffe 0,5 g Zucker 0,2 g Protein 43,1 g

Klebrige Schweinerippchen

ZUTATEN

- ¼ Tassen granuliertes Erythritol
- 1 Esslöffel Knoblauchpulver
- 1 Esslöffel Paprika
- ½ Teelöffel rotes Chilipulver
- 4 Pfund Schweinerippchen, Membran entfernt
- Salz und gemahlener schwarzer Pfeffer, je nach Bedarf
- 1½ Teelöffel Flüssigrauch
- 1½ Tassen zuckerfreie BBQ-Sauce

WIE SIE SICH VORBEREITEN

1. Heizen Sie Ihren Ofen auf 300°F vor. Legen Sie ein großes Backblech mit 2 Lagen Folie aus, mit der glänzenden Seite nach außen.

2. Mischen Sie in einer Schüssel Erythrit, Knoblauchpulver, Paprika und Chilipulver gut durch.

3. Würzen Sie die Rippchen mit Salz und schwarzem Pfeffer und bestreichen Sie sie dann mit dem Flüssigrauch.

4. Reiben Sie nun die Rippen gleichmäßig mit der Erythrit-Mischung ein.

5. Legen Sie die Rippchen mit der fleischigen Seite nach unten auf das vorbereitete Backblech.

6. Legen Sie 2 Lagen Folie auf die Rippchen und rollen Sie dann die Ränder fest ein.

7. Backen Sie ca. 2-2½ Stunden oder bis zum gewünschten Gargrad.

8. Nehmen Sie das Backblech aus dem Ofen und legen Sie die Rippchen auf ein Schneidebrett.

9. Stellen Sie nun den Ofen auf Broiler.

10. Schneiden Sie die Rippchen mit einem scharfen Messer in portionsgerechte Stücke und bestreichen Sie sie gleichmäßig mit der Barbecue-Sauce.

11. Legen Sie die Rippchen mit der knochigen Seite nach oben auf eine Grillpfanne.

12. Etwa 1-2 Minuten pro Seite grillen.

13. Aus dem Ofen nehmen und heiß servieren.

Klebrige Schweinerippchen

Zubereitungszeit: 15 Minuten

Garzeit: 2 Stunden 34 Minuten

Portionen: 8

ZUTATEN

- ¼ Tassen granuliertes Erythritol
- 1 Esslöffel Knoblauchpulver
- 1 Esslöffel Paprika
- ½ Teelöffel rotes Chilipulver
- 4 Pfund Schweinerippchen, Membran entfernt
- Salz und gemahlener schwarzer Pfeffer, je nach Bedarf
- 1½ Teelöffel Flüssigrauch

- 1½ Tassen zuckerfreie BBQ-Sauce

RICHTUNG:

1. Heizen Sie Ihren Ofen auf 300°F vor. Legen Sie ein großes Backblech mit 2 Lagen Folie aus, mit der glänzenden Seite nach außen.

2. Mischen Sie in einer Schüssel Erythrit, Knoblauchpulver, Paprika und Chilipulver gut durch.

3. Würzen Sie die Rippchen mit Salz und schwarzem Pfeffer und bestreichen Sie sie dann mit dem Flüssigrauch.

4. Reiben Sie nun die Rippen gleichmäßig mit der Erythrit-Mischung ein.

5. Legen Sie die Rippchen mit der fleischigen Seite nach unten auf das vorbereitete Backblech.

6. Legen Sie 2 Lagen Folie auf die Rippchen und rollen Sie dann die Ränder fest ein.

7. Backen Sie ca. 2-2½ Stunden oder bis zum gewünschten Gargrad.

8. Nehmen Sie das Backblech aus dem Ofen und legen Sie die Rippchen auf ein Schneidebrett.

9. Stellen Sie nun den Ofen auf Broiler.

10. Schneiden Sie die Rippchen mit einem scharfen Messer in portionsgerechte Stücke und bestreichen Sie sie gleichmäßig mit der Barbecue-Sauce.

11. Legen Sie die Rippchen mit der knochigen Seite nach oben auf eine Grillpfanne.

12. Etwa 1-2 Minuten pro Seite grillen.

13. Aus dem Ofen nehmen und heiß servieren.

ERNÄHRUNG: Kalorien 634 Netto-Kohlenhydrate 0 g Gesamtfett 40,5 g Gesättigtes Fett 14,3 g Cholesterin 234 mg Natrium 265 mg Gesamt-Kohlenhydrate 3,4 g Ballaststoffe 0,5 g Zucker 1,3 g Protein 60,4 g

GEMÜSE

Blumenkohl mit Artischocken-Pizza

Zubereitungszeit: 10 Minuten

Kochzeit: 30 Minuten

Portion 1

Es ist eine Köstlichkeit, der niemand widerstehen kann. Geeignet für Vegetarier, da sie eine Low-Carb-Pizza ist. Gefüllt mit Käse und anderen köstlichen Aromen, werden Sie es sicher genießen, in die köstliche Kruste zu beißen.

ZUTATEN:

- Unzen (120 g) geriebener Blumenkohl
- 2 Unzen (57 g) Artischocken aus der Dose, in Keile geschnitten
- Unzen (120 g) geschredderter Käse
- 2 Eier, verquirlt
- ½ Teelöffel Salz
- 2 Esslöffel Tomatensauce
- 2 Unzen (57 g) geschredderter Käse
- 2 Unzen (57 g) Mozzarella-Käse
- 1 dünn geschnittene Knoblauchzehe
- 1 Esslöffel getrockneter Oregano

RICHTUNG:

1. Heizen Sie zunächst den Ofen auf 180 °C vor.

2. Geben Sie den Blumenkohl, den geriebenen Käse, die Eier und das Salz in eine Schüssel. Rühren Sie sie gut um.

3. Verteilen Sie die Mischung mit einem Spatel in einer dünnen Schicht auf einem mit Pergamentpapier ausgelegten Backblech mit einem Durchmesser von etwa 28 cm (11 Zoll).

4. Legen Sie das Backblech in den Ofen und backen Sie es für 20 Minuten oder bis sie eine schöne Farbe bekommen.

5. Nehmen Sie das Backblech aus dem Ofen, bestreichen Sie es mit Tomatensoße und legen Sie dann den Käse, den Knoblauch und die Artischocken darauf. Mit Oregano bestreuen.

6. Erhöhen Sie die Temperatur des Ofens auf 215 °C (420 °F). Legen Sie das Backblech zurück in den Ofen und backen Sie die Pizza für weitere 10 Minuten.

7. Übertragen Sie die gegarten Pizzen auf eine Servierplatte. Lassen Sie die Pizza vor dem Servieren ein paar Minuten abkühlen

8. LAGERUNG: In einem luftdichten Behälter im Kühlschrank bis zu 4 Tage oder im Gefrierschrank bis zu einem Monat aufbewahren.

9. AUFHEIZEN: In der Mikrowelle, abgedeckt, bis die gewünschte Temperatur erreicht ist, oder in einer Bratpfanne oder einer Heißluftfritteuse / einem Instant-Topf, abgedeckt, auf mittlerer Stufe aufwärmen.

10. SERVE IT WITH: Um dies zu einer kompletten Mahlzeit zu machen, servieren Sie es mit Kurkuma-Milchshake.

ERNÄHRUNG: Kalorien: 1010 Gesamtfett 74g Ballaststoffe: 7g Netto-Kohlenhydrate: 13g Eiweiß: 68g

Chili Kraut Wedges

Zubereitungszeit: 5 Minuten

Kochzeit: 20 Minuten

Portionieren: 4

Für dieses Rezept benötigen Sie ketofreundliche Zutaten, darunter Kohl, Olivenöl und einige Gewürze. Mit minimaler Zubereitungszeit und einfacher Kochanleitung sind diese Chili-Kohl-Wedges in wenigen Minuten zubereitet!

ZUTATEN:

- 1 mittlerer Kopf Kraut
- 1 Teelöffel Chilipulver
- Pfeffer und Salz
- 1/4 Tasse Olivenöl

RICHTUNG:

1. Heizen Sie den Backofen zunächst auf 205°C (400°F) vor.
2. Teilen Sie den Kohl in Keile und breiten Sie diese auf einem Backblech aus.
3. Fügen Sie das Chilipulver, Pfeffer und Salz zum Würzen hinzu. Das Olivenöl über den Kohl träufeln und gut durchmischen.
4. Geben Sie sie in den Ofen. Backen Sie ca. 20 Minuten oder bis die Keile eine schöne Farbe annehmen.
5. Übertragen Sie es auf vier Servierschalen. Lassen Sie sie vor dem Servieren ein paar Minuten abkühlen.
6. LAGERUNG: In einem luftdichten Behälter im Kühlschrank bis zu 4 Tage oder im Gefrierschrank bis zu einem Monat aufbewahren.

7. AUFHEIZEN: In der Mikrowelle, abgedeckt, bis die gewünschte Temperatur erreicht ist, oder in einer Bratpfanne oder einer Heißluftfritteuse / einem Instant-Topf, abgedeckt, auf mittlerer Stufe aufwärmen.

8. SERVIEREN SIE ES MIT: Um dies zu einer kompletten Mahlzeit zu machen, servieren Sie die Wedges mit Tilapia-Fisch.

ERNÄHRUNG: Kalorien: 108 Gesamtfett 10g Ballaststoffe: 3g Netto-Kohlenhydrate: 3g Eiweiß: 1,5g

Blumenkohl, Lauch und Brokkoli

Zubereitungszeit: 5 Minuten

Kochzeit: 15 Minuten

Portionieren: 4

Sie werden den käsigen Blumenkohl genießen, der den gesunden Brokkoli mit einbezieht. Es ist ein leicht zuzubereitendes Rezept. Dieses Rezept ist reich an Nährstoffen mit wenig Kohlenhydraten. Die Einbeziehung von Thymian macht den Geschmack wunderbar.

ZUTATEN:

- 8 Unzen (227 g) Blumenkohl, in mundgerechte Stücke gehackt
- 3 Unzen (85 g) Lauch, in mundgerechte Stücke gehackt
- 1 Pfund (454 g) Brokkoli, in mundgerechte Stücke gehackt
- 3 Unzen (85 g) Butter
- 5 Unzen (142 g) geschredderter Käse
- ½ Tasse frischer Thymian
- 4 Esslöffel saure Sahne
- Pfeffer und Salz nach Geschmack

RICHTUNG:

1. Geben Sie die Butter in eine Pfanne bei mittlerer bis hoher Hitze und lassen Sie sie schmelzen. Fügen Sie den Lauch, Brokkoli und Blumenkohl hinzu. Braten Sie das Gemüse, bis es goldbraun wird.

2. Fügen Sie den Käse, den Thymian und die saure Sahne hinzu. Gut umrühren, bis der Käse schmilzt. Fügen Sie Pfeffer und Salz zum Würzen hinzu.

3. Übertragen Sie sie auf eine Servierplatte. Lassen Sie sie vor dem Servieren ein paar Minuten abkühlen

4. LAGERUNG: In einem luftdichten Behälter im Kühlschrank bis zu 4 Tage oder im Gefrierschrank bis zu einem Monat aufbewahren.

5. AUFHEIZEN: In der Mikrowelle, abgedeckt, bis die gewünschte Temperatur erreicht ist, oder in einer Bratpfanne oder einer Heißluftfritteuse / einem Instant-Topf, abgedeckt, auf mittlerer Stufe aufwärmen.

6. SERVE IT WITH: Um dies zu einer kompletten Mahlzeit zu machen, servieren Sie es mit Champignon-Schweinekoteletts.

ERNÄHRUNG: Kalorien: 368 Gesamtfett 32g Ballaststoffe: 5,4g Netto-Kohlenhydrate: 9,3g Eiweiß: 14,2g

Low-Carb-Käse-Omelett

Zubereitungszeit: 5 Minuten

Kochzeit: 10 Minuten

Portion: 2

Dies ist eine schnelle leckere Mahlzeit, die schnell zubereitet werden kann. Man kann sie zum Frühstück, Mittag- oder Abendessen einnehmen. Es ist eine sättigende Mahlzeit, die nie enttäuscht. Es ist eine Freude für die Geschmacksknospen.

ZUTATEN:

- 6 Eier
- 7 Unzen (198 g) geschredderter Cheddar-Käse
- Salz und gemahlener schwarzer Pfeffer, nach Geschmack
- 3 Unzen (85 g) Butter

RICHTUNG:

1. Verquirlen Sie in einer Schüssel alle Eier, bis sie schaumig und glatt sind. Die Hälfte des Cheddars hinzufügen und gut verrühren.
2. Fügen Sie Pfeffer und Salz zum Würzen hinzu.
3. Schmelzen Sie die Butter in einer Pfanne bei mittlerer Hitze, gießen Sie dann die Eimischung hinein und kochen Sie sie ein paar Minuten lang, bis Sie sehen, dass die Eier am Rand der Pfanne zu stocken beginnen.
4. Reduzieren Sie die Hitze auf niedrig, während Sie die Mischung 3 Minuten lang weitergaren, bis sie fast gar ist. Wenden Sie das Omelett nach der Hälfte der Garzeit. Streuen Sie den restlichen Käse darauf und garen Sie es weitere 1 bis 2 Minuten, bis der Käse schmilzt.

---

5. Falten Sie Ihr Omelett und servieren Sie es, solange es noch warm ist.

6. LAGERUNG: In einem luftdichten Behälter im Kühlschrank bis zu 4 Tage oder im Gefrierschrank bis zu einem Monat aufbewahren.

7. AUFHEIZEN: In der Mikrowelle, abgedeckt, bis die gewünschte Temperatur erreicht ist, oder in einer Bratpfanne oder einer Heißluftfritteuse / einem Instant-Topf, abgedeckt, auf mittlerer Stufe aufwärmen.

8. SERVIEREN SIE ES MIT: Um dies zu einer kompletten Mahlzeit zu machen, servieren Sie das Omelett mit einem Tomatensalat oder Avocadosticks.

ERNÄHRUNG: Kalorien: 899 Gesamtfett 79g Ballaststoffe: 0g Netto-Kohlenhydrate: 5g Eiweiß: 39,2g

Gebratene grüne Bohnen mit Parmesan

Zubereitungszeit: 10 Minuten

Kochzeit: 20 Minuten

Portionieren: 4

Eine einfach zuzubereitende Gemüsebeilage, die nur wenige Zutaten benötigt. Kann mit jedem Protein kombiniert werden. Diese Mahlzeit kann Ihnen den Ärger ersparen, vor allem wenn Sie einen vollen Terminkalender haben. Probieren Sie es aus.

ZUTATEN:

- 1 Pfund (454 g) frische grüne Bohnen
- 1 Ei
- ½ Teelöffel Salz
- ¼ Teelöffel Pfeffer
- 2 Esslöffel Olivenöl
- 1 Teelöffel Zwiebelpulver
- 1 Unze (28 g) geriebener Parmesankäse

RICHTUNG:

1. Heizen Sie den Backofen zunächst auf 205°C (400°F) vor.
2. Verquirlen Sie in einer Schüssel das Ei, Salz, Pfeffer, Öl und das Zwiebelpulver.
3. Fügen Sie die grünen Bohnen hinzu, und schwenken Sie sie, um sie gut zu bedecken.
4. Die überschüssige Flüssigkeit abgießen, dann die grünen Bohnen auf einem mit Pergamentpapier ausgelegten Backblech anordnen. Mit Parmesankäse bestreuen.

—

5. Im Backofen ca. 20 Minuten backen, bis die Bohnen eine schöne Farbe annehmen.

6. Übertragen Sie sie auf vier Servierplatten. Lassen Sie sie vor dem Servieren ein paar Minuten abkühlen.

7. LAGERUNG: In einem luftdichten Behälter im Kühlschrank bis zu 4 Tage oder im Gefrierschrank bis zu einem Monat aufbewahren.

8. AUFHEIZEN: In der Mikrowelle, abgedeckt, bis die gewünschte Temperatur erreicht ist, oder in einer Bratpfanne oder einer Heißluftfritteuse / einem Instant-Topf, abgedeckt, auf mittlerer Stufe aufwärmen.

9. SERVIEREN SIE ES MIT: Um dies zu einer kompletten Mahlzeit zu machen, servieren Sie es mit gebratenem Schweinefilet oder anderen Speisen, die Sie mögen.

ERNÄHRUNG: Kalorien: 143 Gesamtfett 11g Ballaststoffe: 2,5g Netto-Kohlenhydrate: 5,8g Eiweiß: 6,2g

SUPPEN UND EINTÖPFE

Huhn und Kohl Suppe

Zubereitungszeit: 15 Minuten

Kochzeit: 40 Minuten

Portionieren: 6

ZUTATEN:

- 1 Brathähnchen, zerkleinert
- 6 Tassen Wasser
- 2 Esslöffel Butter
- 2 Stangen Staudensellerie, gehackt
- ½ Zwiebel, gehackt
- 1 Lorbeerblatt
- Meersalz und gemahlener schwarzer Pfeffer, nach Geschmack
- 1 Esslöffel frischer Koriander, gehackt
- 2 Tassen Grünkohl, in Streifen geschnitten

RICHTUNG:

1. Kochen Sie die Knochen und die Karkasse eines übrig gebliebenen Hühnchens mit Wasser bei mittlerer bis hoher Hitze 15 Minuten lang. Reduzieren Sie dann auf ein Köcheln und kochen Sie weitere 15 Minuten. Bewahren Sie das Huhn zusammen mit der Brühe auf.

2. Lassen Sie es so weit abkühlen, dass Sie es handhaben können, und zerkleinern Sie das Fleisch in mundgerechte Stücke.

3. Schmelzen Sie die Butter in einem großen Suppentopf bei mittlerer Hitze. Sautieren Sie den Sellerie und die Zwiebel, bis sie weich und duftend sind.

4. Lorbeerblatt, Salz, Pfeffer und Brühe hinzufügen und 10 Minuten köcheln lassen.

5. Fügen Sie das reservierte Huhn, den Koriander und den Kohl hinzu. Weitere 10 bis 11 Minuten köcheln lassen, bis der Kohl weich ist. Guten Appetit!

ERNÄHRUNG: Pro Portion Kalorien: 266 Fett: 23,6g Eiweiß: 9,4g Kohlenhydrate: 4,2g Netto-Kohlenhydrate: 2,6g Ballaststoffe: 1,6g

Schweinefleischsuppe

Zubereitungszeit: 10 Minuten

Kochzeit: 25 Minuten

Portion 5

ZUTATEN:

- 2 Teelöffel Olivenöl
- 1 Pfund (454 g) Schweinehackfleisch
- 2 Schalotten, gehackt
- 1 Stange Staudensellerie, gehackt
- 1 frische italienische Paprika, entkernt und gehackt
- 5 Tassen Rinderknochenbrühe

- 2 Esslöffel frischer Koriander, grob gehackt

RICHTUNG:

1. Erhitzen Sie 1 Teelöffel des Olivenöls in einem Suppentopf bei mittlerer bis hoher Hitze. Braten Sie das Schweinehackfleisch an, bis es nicht mehr rosa ist, oder ca. 4 Minuten, und zerbröseln Sie es mit einem Spatel; reservieren Sie.

2. Erhitzen Sie im selben Topf den restlichen Teelöffel Olivenöl. Sautieren Sie die Schalotte, bis sie gerade weich und duftend ist.

3. Fügen Sie den gehackten Sellerie und den italienischen Pfeffer zusammen mit dem reservierten gekochten Schweinefleisch hinzu.

4. Gießen Sie die Rinderknochenbrühe hinein. Wenn sie aufkocht, drehen Sie die Hitze auf köcheln. Lassen Sie es teilweise zugedeckt 25 Minuten lang köcheln, bis alles durchgekocht ist.

5. Mit Salz abschmecken, in Suppenschalen schöpfen und jede Portion mit frischem Koriander garnieren. Guten Appetit!

ERNÄHRUNG: Pro Portion Kalorien: 293 Fett: 20,5 g Eiweiß: 23,5 g Kohlenhydrate: 1,5 g Netto-Kohlenhydrate: 1,3 g Ballaststoffe: 0,2 g

Schweinefleisch-Senfgrün-Suppe

Zubereitungszeit: 15 Minuten

Kochzeit: 20 Minuten

Portion: 2

ZUTATEN:

- 1 Esslöffel Olivenöl
- 1 Paprika, entkernt und gewürfelt
- 2 Knoblauchzehen, gepresst
- ½ Tasse Frühlingszwiebeln, gehackt
- ½ Pfund (227 g) Schweinehackfleisch (84 % mager)
- 1 Tasse Rinderknochenbrühe
- 1 Tasse Wasser
- ½ Teelöffel zerstoßene rote Pfefferflocken
- Meersalz und frisch gemahlener schwarzer Pfeffer, zum Würzen
- 1 Lorbeer
- 1 Teelöffel Fischsauce
- 2 Tassen Senfgras, in Stücke gerissen
- 1 Esslöffel frische Petersilie, gehackt

RICHTUNG

1. Erhitzen Sie das Olivenöl in einem Suppentopf auf mittlerer Flamme. Braten Sie die Paprika, den Knoblauch und die Frühlingszwiebeln an, bis sie zart sind (ca. 3 Minuten).

2. Danach das Schweinehackfleisch einrühren und weitere 5 Minuten kochen oder bis es gut gebräunt ist, dabei regelmäßig umrühren.

3. Die Rinderknochenbrühe, das Wasser, den roten Pfeffer, das Salz, den schwarzen Pfeffer und den Lorbeer hinzufügen. Reduzieren Sie die Temperatur auf köcheln und kochen Sie zugedeckt für 10 Minuten. Anschließend die Fischsauce und das Senfgemüse einrühren.

4. Vom Herd nehmen; stehen lassen, bis das Grünzeug verwelkt ist. In einzelne Schüsseln schöpfen und mit frischer Petersilie garniert servieren.

ERNÄHRUNG: Kalorien: 345 Fett: 25,1g Protein: 23,2g Kohlenhydrate: 6,2g Netto-Kohlenhydrate: 3,2g Ballaststoffe: 3,0g

Einfache Hühner-Zwiebel-Suppe

Zubereitungszeit: 10 Minuten

Kochzeit: 30 Minuten

Portion: 2

ZUTATEN:

- 2 Hühnerkeulen, ohne Haut und ohne Knochen
- ½ weiße Zwiebel, gehackt
- 1 Stange Staudensellerie, gehackt
- 1 Teelöffel Geflügelgewürzmischung
- 1 Esslöffel frischer Koriander, gehackt

RICHTUNG:

1. Legen Sie das Huhn in einen Suppentopf. Fügen Sie so viel Wasser hinzu, dass es etwa einen Zentimeter bedeckt ist.

2. Geben Sie nun die gehackte Zwiebel, den Sellerie und die Geflügelgewürzmischung hinzu. Bringen Sie das Ganze bei mittlerer bis hoher Hitze zum Kochen. Drehen Sie die Temperatur auf mittel-niedrig und kochen Sie für 35 bis 40 Minuten.

3. Wie beim Huhn sollte das Fleischthermometer 165°F (74°C) anzeigen. Achten Sie darauf, während des Kochens nach Bedarf zusätzliches Wasser hinzuzufügen, damit die Zutaten bedeckt bleiben.

4. Nach Geschmack würzen und mit frischem Koriander servieren. Guten Appetit!

ERNÄHRUNG: Kalorien: 167 Fett: 4.8g Protein: 25.5g Kohlenhydrate: 3.2g Netto-Kohlenhydrate: 2.6g Ballaststoffe: 0.6g

Lauch-Puten-Suppe

Zubereitungszeit: 15 Minuten

Garzeit: 1 Stunde 10 Minuten

Portion: 2

ZUTATEN:

- 3 Tassen Wasser
- ½ Pfund (227 g) Putenoberschenkel
- 1 Tasse Blumenkohl, in kleine Röschen gebrochen
- 1 großformatiger Lauch, gehackt
- 1 kleine Stange Staudensellerie, gewürfelt
- ½ Kopf Knoblauch, waagerecht geteilt
- ¼ Teelöffel Kurkumapulver
- ¼ Teelöffel türkischer Sumach
- ¼ Teelöffel Fenchelsamen
- ½ Teelöffel Senfkörner
- 1 Lorbeer
- Meersalz und frisch gemahlener schwarzer Pfeffer, zum Würzen
- 1 Teelöffel Kokosnuss-Aminos
- 1 ganzes Ei

RICHTUNG:

1. Geben Sie das Wasser und die Putenoberschenkel in einen Topf und bringen Sie es zum Kochen. Etwa 40 Minuten kochen lassen; die Knochen wegwerfen und das Fleisch mit zwei Gabeln zerkleinern.

2. Rühren Sie den Blumenkohl, den Lauch, den Sellerie, den Knoblauch und die Gewürze ein. Reduzieren Sie die Hitze auf köcheln und lassen Sie es kochen, bis alles durcherhitzt ist, etwa 30 Minuten.

3. Danach die Kokosnuss-Aminos und das Ei hinzufügen; verquirlen, bis das Ei gut in die Suppe eingearbeitet ist. Heiß servieren und genießen!

ERNÄHRUNG: Kalorien: 217 Fett: 8,2g Eiweiß: 25,1g Kohlenhydrate: 6,7 Netto-Kohlenhydrate: 4,5g Ballaststoffe: 2,2g

Italienische Tomatensuppe

Zubereitungszeit: 15 Minuten

Kochzeit: 30 Minuten

Portionieren: 4

ZUTATEN:

- 1½ Esslöffel Olivenöl
- ½ Tasse Frühlingszwiebeln, gehackt
- 1 Teelöffel frischer Knoblauch, gehackt
- 1 Teelöffel getrockneter Oregano
- ½ Teelöffel getrockneter Rosmarin
- 680 g (1½ Pfund) Roma-Tomaten, gewürfelt
- 2 Tassen Brodo di Pollo (italienische Brühe)
- 2 Esslöffel Tomatenmark
- 2 Tassen Senfgras, in Stücke gerissen
- Meersalz und gemahlener schwarzer Pfeffer, nach Geschmack
- 2 Esslöffel frische italienische Petersilie, grob gehackt

RICHTUNG:

1. Erhitzen Sie das Olivenöl in einem Suppentopf auf mittlerer Flamme. Braten Sie nun die Frühlingszwiebeln an, bis sie weich sind oder 3 bis 4 Minuten.

2. Rühren Sie dann den Knoblauch, Oregano und Rosmarin ein und braten Sie weitere 30 Sekunden an.

3. Rühren Sie dann die Roma-Tomaten, die italienische Brühe und das Tomatenmark ein; bringen Sie das Ganze zum Kochen. Reduzieren Sie nun die Hitze auf mittlere bis

niedrige Stufe und lassen Sie das Ganze teilweise abgedeckt 20 bis 25 Minuten kochen.

4. Pürieren Sie die Suppe in Ihrem Mixer und geben Sie sie zurück in den Topf. Fügen Sie das Senfgemüse hinzu; würzen Sie mit Salz und schwarzem Pfeffer.

5. Garen Sie anschließend auf mittlerer Flamme, bis das Grünzeug verwelkt. Mit frischer italienischer Petersilie garnieren und sofort servieren.

ERNÄHRUNG: Kalorien: 105 Fett: 7.3g Protein: 2.5g Kohlenhydrate: 6.1g Netto-Kohlenhydrate: 2.9g Ballaststoffe: 3.2g

Brokkoli-Creme-Suppe

Zubereitungszeit: 15 Minuten

Kochzeit: 20 Minuten

Portionieren: 4

ZUTATEN:

- 3 Esslöffel Olivenöl
- 1 Staudensellerie, gehackt
- ½ weiße Zwiebel, fein gehackt
- 1 Teelöffel Ingwer-Knoblauch-Paste
- 1 (1 Pfund / 454 g) Kopf Brokkoli, in Röschen zerteilt
- 4 Tassen Gemüsebrühe
- ½ Tasse Doppelrahm
- 1½ Tassen Monterey Jack-Käse, gerieben

RICHTUNG:

1. Erhitzen Sie das Olivenöl in einem Suppentopf bei mittlerer Hitze. Braten Sie nun die Sellerierippe und die Zwiebel an, bis sie weich geworden sind.

2. Die Ingwer-Knoblauch-Paste und den Brokkoli unterheben; die Gemüsebrühe angießen und zum Kochen bringen. Drehen Sie die Hitze auf köcheln. Weitere 13 Minuten kochen oder bis der Brokkoli durchgegart ist.

3. Die Sahne unterheben, umrühren und vom Herd nehmen. Verteilen Sie die Suppe auf vier Auflaufformen und geben Sie den Monterey Jack-Käse darüber.

4. Etwa 5 Minuten grillen oder bis der Käse sprudelt und golden ist. Guten Appetit!

ERNÄHRUNG: Kalorien: 324 Fett: 28,1g Protein: 13,3g Kohlenhydrate: 4,3g Netto-Kohlenhydrate: 3,8g Ballaststoffe: 0,5g

Zucchini-Sellerie-Suppe

Zubereitungszeit: 10 Minuten

Kochzeit: 15 Minuten

Portionieren: 3

ZUTATEN:

- 2 Teelöffel kaltgepresstes Olivenöl
- ½ Pfund (227 g) Zucchini, geschält und gewürfelt
- ½ Schalotte, gehackt
- ½ Tasse Staudensellerie, gehackt
- ½ Teelöffel Knoblauchpulver
- ¼ Teelöffel rote Pfefferflocken
- 2 Tassen Gemüsebrühe

RICHTUNG:

1. Erhitzen Sie 1 Teelöffel Olivenöl in einem Suppentopf bei mittlerer bis hoher Hitze; kochen Sie die Zucchini 1 bis 2 Minuten oder bis sie gerade weich sind; reservieren Sie.
2. Im gleichen Topf den restlichen Teelöffel Olivenöl erhitzen; die Schalotte anbraten, bis sie weich und glasig ist.
3. Geben Sie die restlichen Zutaten zum angebratenen Gemüse in den Suppentopf. Reduzieren Sie die Hitze auf mittlere bis niedrige Stufe, decken Sie den Topf ab und lassen Sie ihn 15 Minuten oder bis zur vollständigen Erhitzung kochen.
4. In Servierschalen schöpfen und warm servieren. Guten Appetit!

ERNÄHRUNG: Kalorien: 57 Fett: 3,2g Protein: 2,2g Kohlenhydrate: 3,6g Netto-Kohlenhydrate: 2,5g Ballaststoffe: 1,1g

---

Speck Grün Suppe

Zubereitungszeit: 15 Minuten

Kochzeit: 15 Minuten

Portionieren: 4

ZUTATEN:

- 2 Scheiben Speck, gewürfelt
- 2 Esslöffel Frühlingszwiebeln, gehackt
- 1 Karotte, gehackt
- 1 Staudensellerie, gehackt
- Salz und gemahlener schwarzer Pfeffer, nach Geschmack
- 1 Teelöffel Knoblauch, fein gehackt
- ½ Teelöffel getrockneter Rosmarin
- 1 Zweig Thymian, abgezupft und gehackt
- ½ Kopf Grünkohl, zerkleinert
- ½ Kopf Brokkoli, in kleine Röschen gebrochen
- 3 Tassen Wasser
- 1 Tasse Hühnerbrühe
- ½ Tasse Vollfettjoghurt

RICHTUNG:

1. Erhitzen Sie einen Suppentopf bei mittlerer Hitze; braten Sie nun den Speck knusprig an. Reservieren Sie den Speck und 1 Esslöffel Fett.
2. Dann Frühlingszwiebeln, Karotten und Sellerie in 1 Esslöffel des reservierten Fetts braten. Salz, Pfeffer und Knoblauch hinzufügen; weitere 1 Minute kochen oder bis sie duften.
3. Nun Rosmarin, Thymian, Kohl und Brokkoli einrühren. Mit Wasser und Brühe aufgießen und schnell zum Kochen

bringen; Hitze reduzieren und weitere 10 Minuten köcheln lassen.

4. Joghurt hinzufügen und weitere 5 Minuten kochen, dabei gelegentlich umrühren. Verwenden Sie einen Stabmixer, um die Suppe zu pürieren, bis sie glatt ist.

5. Schmecken Sie ab und passen Sie die Gewürze an. Garnieren Sie kurz vor dem Servieren mit dem gekochten Speck.

ERNÄHRUNG: Kalorien: 96 Fett: 7.7g Protein: 3.0g Kohlenhydrate: 4.2g Netto-Kohlenhydrate: 3.2g Ballaststoffe: 1.0g

Rindsuppe mit Kräutern

Zubereitungszeit: 15 Minuten

Kochzeit: 40 Minuten

Portionieren: 6

ZUTATEN:

- 454 g Rinderfiletbraten, in Würfel geschnitten
- 6 Tassen Rinderknochenbrühe (Sie können auch normale Rinderbrühe verwenden)
- 1 gelbe Zwiebel, gehackt
- 2 Knoblauchzehen, gehackt
- 2 Möhren, gehackt
- 2 Stangen Staudensellerie, in Scheiben geschnitten
- 1 Teelöffel frischer Thymian, gehackt
- ½ Teelöffel getrockneter Oregano
- 1 Handvoll frisches Basilikum, gehackt
- Salz und Pfeffer, nach Geschmack
- 1 Esslöffel Kokosnussöl, zum Kochen

RICHTUNG:

1. Geben Sie das Kokosnussöl in eine Pfanne und braten Sie das Rindfleisch bei mittlerer Hitze an.
2. Geben Sie das Rindfleisch und die restlichen Zutaten abzüglich des Basilikums in einen Suppentopf und bringen Sie es zum Kochen.
3. Reduzieren Sie auf ein Köcheln und kochen Sie für ca. 30 Minuten oder bis das Gemüse weich ist.
4. Mit frisch gehacktem Basilikum servieren.

ERNÄHRUNG: Kalorien: 220 Fett: 9,0g Protein: 29,0g Kohlenhydrate: 6,0g Netto-Kohlenhydrate: 5,0g Ballaststoffe: 1,0g

Rindfleisch-Pilz-Suppe

Zubereitungszeit: 10 Minuten

Kochzeit: 40 Minuten

Portion 6

ZUTATEN:

- 1 Pfund (454 g) Rinderfilet, gewürfelt
- 1½ Tassen Cremini-Pilze
- 6 Tassen Rinderbrühe
- ½ Tasse Schlagsahne
- ½ Tasse geschlagener Frischkäse
- 1 gelbe Zwiebel, gehackt
- 2 Knoblauchzehen, gehackt
- Salz und Pfeffer, nach Geschmack
- 1 Esslöffel Kokosnussöl, zum Kochen

RICHTUNG:

1. Geben Sie das Kokosöl in eine Pfanne und braten Sie das Rindfleisch an.
2. Sobald das Rindfleisch gekocht ist, geben Sie es mit allen Zutaten abzüglich der schweren Sahne in den Boden eines Suppentopfs. Gut mischen.
3. Zum Köcheln bringen und erneut verquirlen, bis der Frischkäse gleichmäßig in die Suppe eingerührt ist.
4. Kochen Sie 30 Minuten lang.
5. Erhitzen Sie die schwere Sahne und fügen Sie sie dann der Suppe hinzu.

ERNÄHRUNG: Kalorien: 316 Fett: 18.9g Protein: 30.1g Kohlenhydrate: 5.0g Netto-Kohlenhydrate: 4.0g Ballaststoffe: 1.0g

Truthahn-Taco-Suppe

Zubereitung: Zeit: 10 Minuten

Kochzeit: 4 Stunden

Portionieren: 6

ZUTATEN:

- 454 g (1 Pfund) Putenhackfleisch
- 5 Tassen Hühnerknochenbrühe (Sie können auch normale Hühnerbrühe verwenden)
- 1 Tasse Tomatenwürfel aus der Dose (ohne Zuckerzusatz)
- 1 Becher geschlagener Frischkäse
- 1 gelbe Zwiebel, gehackt
- 1 Esslöffel Chilipulver
- 1 Teelöffel Kreuzkümmel
- 1 Teelöffel Knoblauchpulver
- 1 Teelöffel Zwiebelpulver

RICHTUNG:

1. Geben Sie alle Zutaten ohne den Frischkäse in den Boden eines Crock-Pot und bedecken Sie ihn mit der Hühnerbrühe.
2. Stellen Sie die Temperatur hoch und kochen Sie 4 Stunden lang, wobei Sie den Frischkäse bei der 3,5-Stunden-Marke hinzufügen.
3. Vor dem Servieren gut umrühren.

ERNÄHRUNG: Kalorien: 336 Fett: 22,9g Protein: 27,9g Kohlenhydrate: 5,9g Netto-Kohlenhydrate: 4,8g Ballaststoffe: 1,1g

Blumenkohl-Lamm-Suppe

Zubereitungszeit: 10 Minuten

Kochzeit: 4 Stunden

Portionieren: 6

ZUTATEN:

- 1 Pfund (454 g) Lammhackfleisch
- 5 Tassen Rinderbrühe
- 1 Blumenkohlkopf, in Röschen geschnitten
- 1 Becher Schlagsahne
- 1 gelbe Zwiebel, gehackt
- 2 Knoblauchzehen, gehackt
- 1 Esslöffel frisch gehackter Thymian
- ½ Teelöffel gemahlener schwarzer Pfeffer
- ½ Teelöffel Salz

RICHTUNG:

1. Geben Sie das Lammhackfleisch und den Blumenkohl in den Boden eines Suppentopfs.
2. Fügen Sie die restlichen Zutaten abzüglich der schweren Sahne hinzu und kochen Sie 4 Stunden lang auf höchster Stufe.
3. Erwärmen Sie die schwere Sahne, bevor Sie sie zur Suppe geben. Verwenden Sie einen Stabmixer, um die Suppe cremig zu pürieren.

ERNÄHRUNG: Kalorien: 264 Fett: 14,0g Eiweiß: 26,9g Kohlenhydrate: 5,9g Netto-Kohlenhydrate: 3,9g Ballaststoffe: 2,0g

Zitronige Hühner- und Schnittlauchsuppe

Zubereitungszeit: 10 Minuten

Kochzeit: 4 Stunden

Portionieren: 4

ZUTATEN:

- 2 Hähnchenbrüste ohne Knochen und ohne Haut
- 6 Tassen Hühnerbrühe
- ¼ Tasse frisch gepresster Zitronensaft
- 2 Esslöffel Schnittlauch, gehackt
- 1 gelbe Zwiebel, gehackt
- 2 Knoblauchzehen, gehackt
- Salz und Pfeffer, nach Geschmack

RICHTUNG:

1. Geben Sie alle Zutaten in einen Slow Cooker und kochen Sie sie 4 Stunden lang auf höchster Stufe.
2. Sobald das Huhn gekocht ist, zerkleinern Sie es und rühren es wieder in die Suppe.

ERNÄHRUNG: Kalorien: 172 Fett: 5,9g Protein: 22,1g Kohlenhydrate: 6,0g Netto-Kohlenhydrate: 5,0g Ballaststoffe: 1,0g

SNACKS

Chipotle-Jicama-Haschee

Zubereitungszeit: 5 Minuten

Kochzeit: 10 Minuten

Portionen: 2

ZUTATEN:

- 4 Scheiben Speck, gewürfelt
- 12 oz Jicama, geschält und gewürfelt
- 4 oz violette Zwiebel, gehackt
- 1 oz grüne Paprika (oder Poblano), entkernt und gehackt
- 4 Esslöffel Chipotle-Mayonnaise

RICHTUNG:

1. Braten Sie den Speck in einer Pfanne bei starker Hitze an.
2. Herausnehmen und zum Abtropfen des Fetts auf ein Handtuch legen.
3. Verwenden Sie das restliche Fett, um die Zwiebeln und den Jicama braun zu braten.
4. Wenn Sie fertig sind, fügen Sie die Paprika hinzu und kochen Sie das Haschisch, bis es weich ist.
5. Übertragen Sie das Haschee auf zwei Teller und servieren Sie jeden Teller mit 4 Esslöffeln Chipotle-Mayonnaise.

—

ERNÄHRUNG: Menge pro Portion: 265 Kal., 23g Fett, 19g Protein & 11g Kohlenhydrate.

Gebratener Queso Blanco

Zubereitungszeit: 50 Minuten

Kochzeit: 2 Stunden

Portionen: 4

ZUTATEN:

- 5 oz queso blanco
- 1 ½ Esslöffel Olivenöl
- 3 oz Käse
- 2 Unzen Oliven
- 1 Prise rote Paprikaflocken

RICHTUNG:

1. Würfeln Sie etwas Käse und frieren Sie ihn für 1-2 Stunden ein.
2. Geben Sie das Öl in eine Pfanne und erhitzen Sie es bei mittlerer Temperatur zum Kochen.
3. Die Käsewürfel hinzufügen und erhitzen, bis sie braun werden.
4. Den Käse mit einem Spatel zusammenfügen und flachdrücken.
5. Braten Sie den Käse auf beiden Seiten, wobei Sie ihn regelmäßig wenden.
6. Falten Sie den Käse beim Wenden in sich zusammen, um knusprige Schichten zu bilden.
7. Verwenden Sie einen Spatel, um ihn zu einem Block zu rollen.
8. Aus der Pfanne nehmen, abkühlen lassen, in kleine Würfel schneiden und servieren.

ERNÄHRUNG: Menge pro eine Portion: 307 Kal., 24g Fett, 17g Eiweiß & 3g Kohlenhydrate.

Spinat mit Speck & Schalotten

Zubereitungszeit: 10 Minuten

Kochzeit: 20 Minuten

Portionen: 4

ZUTATEN:

- 16 oz roher Spinat
- ½ Tasse gehackte weiße Zwiebel
- ½ Tasse gehackte Schalotte
- ½ Pfund roher Speck in Scheiben
- 2 Esslöffel Butter

RICHTUNG:

1. Schneiden Sie die Speckstreifen in kleine schmale Stücke.
2. In einer Pfanne die Butter erhitzen und die gehackte Zwiebel, die Schalotten und den Speck hinzufügen.
3. Sautieren Sie für 15-20 Minuten oder bis die Zwiebeln zu karamellisieren beginnen und der Speck gar ist.
4. Fügen Sie den Spinat hinzu und braten Sie ihn bei mittlerer Hitze an. Rühren Sie häufig um, damit die Blätter beim Garen die Pfanne berühren.
5. Zugedeckt ca. 5 Minuten dünsten, umrühren und weiterdünsten, bis sie welk sind.
6. Servieren!

ERNÄHRUNG: Menge pro eine Portion: 150 Kal., 13g Fett, 4g Eiweiß & 5g Kohlenhydrate.

Wurstspieße mit Speck umwickelt

Zubereitungszeit: 3 Minuten

Kochzeit: 5 Minuten

Portionen: 2

ZUTATEN:

- 5 italienische Hühnerwürstchen
- 10 Scheiben Speck

RICHTUNG:

1. Heizen Sie Ihre Fritteuse auf 370°F/190°C vor.
2. Schneiden Sie die Wurst in vier Stücke.
3. Schneiden Sie den Speck in zwei Hälften.
4. Wickeln Sie den Speck über die Wurst.
5. Spießen Sie die Wurst auf.
6. 4-5 Minuten braten, bis sie gebräunt sind.

ERNÄHRUNG: Menge pro eine Portion: 290 Kal., 22g Fett, 8g Protein & 1g Kohlenhydrate.

Gebratener Rosenkohl & Speck

Zubereitungszeit: 5 Minuten

Kochzeit: 40 Minuten

Portionen: 2

ZUTATEN:

- 24 Unzen Rosenkohl
- ¼ Tasse Fischsauce
- ¼ Tasse Speckfett
- 6 Streifen Speck
- Pfeffern nach Geschmack

RICHTUNG:

1. Entstielen und vierteln Sie den Rosenkohl.
2. Mischen Sie sie mit dem Speckfett und der Fischsauce.
3. Schneiden Sie den Speck in kleine Streifen und kochen Sie ihn.
4. Geben Sie den Speck und den Pfeffer zu den Sprossen.
5. Auf einer gefetteten Pfanne verteilen und bei 450°F/230°C 35 Minuten backen.
6. Rühren Sie etwa alle 5 Minuten um.
7. Noch ein paar Minuten grillen und servieren.

ERNÄHRUNG: Menge pro eine Portion: 130 Kal., 9g Fett, 7g Eiweiß & 5g Kohlenhydrate.

Schinken-Käse-Brötchen

Zubereitungszeit: 2 Minuten

Kochzeit: 3 Minuten

Portionen: 4

ZUTATEN:

- 16 Scheiben Schinken
- 1 Packung Schnittlauch-Zwiebel-Frischkäse (8 Unzen)
- 16 Scheiben dünner Schweizer Käse

RICHTUNG:

1. Legen Sie den Schinken auf ein Schneidebrett.
2. Trocknen Sie die Scheiben mit einem Papiertuch ab.
3. Verteilen Sie 2 Teelöffel Schweizer Käse dünn auf jeder Schinkenscheibe.
4. Legen Sie auf den sauberen Teil des Schinkens eine 1,5 cm dicke Scheibe Käse.
5. Auf der Käseseite klappen Sie den Schinken über den Käse und rollen ihn auf.
6. Lassen Sie es so, wie es ist, oder schneiden Sie es in kleinere Rollen.

ERNÄHRUNG: Menge pro eine Portion: 200 Kal., 12g Fett, 16g Protein & 3g Kohlenhydrate.

Hillbilly-Käse-Überraschung

Zubereitungszeit: 5 Minuten

Zubereitungszeit: 35 Minuten

Portionen: 6

ZUTATEN:

- 4 Tassen Brokkoli-Röschen
- ¼ Tasse Ranch-Dressing
- ½ Tasse scharfer Cheddar-Käse, geraspelt
- ¼ Tasse schwere Schlagsahne
- Koscheres Salz und Pfeffer zum Abschmecken

RICHTUNG:

1. Heizen Sie den Ofen auf 190°C vor.
2. Vermengen Sie alle Zutaten in einer Schüssel, bis der Brokkoli gut bedeckt ist.
3. Verteilen Sie die Brokkolimischung in einer Auflaufform.
4. 30 Minuten backen.
5. Aus dem Ofen nehmen und mischen.
6. Wenn die Röschen nicht zart sind, weitere 5 Minuten backen, bis sie weich sind.
7. Servieren!

ERNÄHRUNG: Menge pro eine Portion: 436 Kal., 38g Fett, 12g Protein & 4g Kohlenhydrate.

Parmesan-Knoblauch-Blumenkohl

Zubereitungszeit: 20 Minuten

Kochzeit: 20 Minuten

Portionen: 4

ZUTATEN:

- 3/4 Tasse Blumenkohl-Röschen
- 2 Esslöffel Butter
- 1 Knoblauchzehe, in dünne Scheiben geschnitten
- 2 Esslöffel geriebener Parmesan
- 1 Prise Salz

RICHTUNG:

1. Heizen Sie den Ofen auf 175°C vor.
2. Auf kleiner Flamme die Butter mit dem Knoblauch 5-10 Minuten lang schmelzen.
3. Pürieren Sie den Knoblauch in einem Sieb.
4. Fügen Sie den Blumenkohl, den Parmesan und das Salz hinzu.
5. 20 Minuten backen oder bis sie goldgelb sind.

ERNÄHRUNG: Menge pro eine Portion: 180 Kal., 18g Fett, 7g Eiweiß & 6g Kohlenhydrate.

Jalapeño-Guacamole

Zubereitungszeit: 15 Minuten

Kochzeit: 15 Minuten

Portionen: 4

ZUTATEN:

- 2 Hass-Avocados, reif
- ¼ rote Zwiebel
- 1 Jalapeño
- 1 Esslöffel frischer Limettensaft
- Meersalz

RICHTUNG:

1. Löffeln Sie die Avocado-Innereien in eine Schüssel.
2. Würfeln Sie die Jalapeño und die Zwiebel.
3. Pürieren Sie die Avocado bis zur gewünschten Konsistenz.
4. Geben Sie die Zwiebel, die Jalapeño und den Limettensaft hinzu.
5. Mit Salz bestreuen.

ERNÄHRUNG: Menge pro eine Portion: 130 Kal., 10g Fett, 3g Eiweiß & 9g Kohlenhydrate.

Grüne Bohnen & Mandeln

Zubereitungszeit: 7 Minuten

Kochzeit: 8 Minuten

Portionen: 4

ZUTATEN:

- 1 lb. frische grüne Bohnen, geputzt
- 2 Esslöffel Butter
- ¼ Tasse gehobelte Mandeln
- 2 Teelöffel Zitronenpfeffer

RICHTUNG:

1. Dämpfen Sie die grünen Bohnen 8 Minuten lang, bis sie weich sind, und lassen Sie sie dann abtropfen.
2. Schmelzen Sie die Butter bei mittlerer Hitze in einer Pfanne.
3. Sautieren Sie die Mandeln, bis sie gebräunt sind.
4. Mit Salz und Pfeffer bestreuen.
5. Mischen Sie die grünen Bohnen unter.

ERNÄHRUNG: Menge pro eine Portion: 178 Kal., 16g Fett, 4g Eiweiß & 4g Kohlenhydrate.

Zuckerspeck

Zubereitungszeit: 7 Minuten

Kochzeit: 3 Minuten

Portionen: 4

ZUTATEN:

- 3 Tassen Zuckerschoten
- ½ Esslöffel Zitronensaft
- 2 Esslöffel Speckfett
- 2 Teelöffel Knoblauch
- ½ Teelöffel rote Pfefferflocken

RICHTUNG:

1. Braten Sie das Speckfett in einer Pfanne, bis es zu rauchen beginnt.
2. Fügen Sie den Knoblauch hinzu und kochen Sie ihn 2 Minuten lang.
3. Fügen Sie die Zuckererbsen und den Zitronensaft hinzu.
4. 2-3 Minuten kochen.
5. Herausnehmen und mit roten Paprikaflocken und Zitronenschale bestreuen.
6. Servieren!

ERNÄHRUNG: Menge pro eine Portion: 80 Kal., 4g Fett, 3g Eiweiß & 1g Kohlenhydrate.

Flachs-Käse-Chips

Zubereitungszeit: 5 Minuten

Kochzeit: 15 Minuten

Portionen: 2

ZUTATEN:

- 1 ½ Tasse Cheddar-Käse
- 4 Esslöffel gemahlenes Leinsamenmehl
- Gewürze Ihrer Wahl

RICHTUNG:

1. Heizen Sie den Ofen auf 220°C vor.
2. Löffeln Sie 2 Esslöffel Cheddar-Käse auf eine antihaftbeschichtete Unterlage.
3. Verteilen Sie eine Prise Leinsamen auf jedem Chip.
4. Würzen und 10-15 Minuten backen.

ERNÄHRUNG: Menge pro eine Portion: 130 Kal., 8g Fett, 5g Eiweiß & 1g Kohlenhydrate.

Mangold im Landhausstil

Zubereitungszeit: 2 Minuten

Kochzeit: 3 Minuten

Portionen: 2

ZUTATEN:

- 4 Scheiben Speck, gewürfelt
- 2 Esslöffel Butter
- 2 Esslöffel frischer Zitronensaft
- ½ Teelöffel Knoblauchpaste
- 1 Bund Mangold, Stiele entfernt, Blätter in 1-Zoll-Stücke geschnitten

RICHTUNG:

1. Braten Sie den Speck bei mittlerer Hitze in einer Pfanne, bis das Fett zu bräunen beginnt.
2. Schmelzen Sie die Butter in der Pfanne und geben Sie den Zitronensaft und die Knoblauchpaste hinzu.
3. Fügen Sie die Mangoldblätter hinzu und kochen Sie sie, bis sie anfangen zu welken.
4. Decken Sie das Gerät ab und schalten Sie die Hitze auf hoch.
5. Kochen Sie 3 Minuten lang.
6. Gut mischen, mit Salz bestreuen und servieren.

ERNÄHRUNG: Menge pro eine Portion: 190 Kal., 4g Fett, 5g Eiweiß & 10g Kohlenhydrate.

Grünkohl-Chips

Zubereitungszeit: 5 Minuten

Kochzeit: 10 Minuten

Portionen: 1

ZUTATEN:

- 1 großer Strauß Grünkohl
- 2 Esslöffel Olivenöl
- 1 Esslöffel Gewürzsalz

RICHTUNG:

1. Heizen Sie den Ofen auf 175°C vor.
2. Entstielen, waschen und trocknen Sie den Grünkohl.
3. Geben Sie es in einen Ziploc-Beutel und schütteln Sie es mit Öl.
4. Legen Sie den Grünkohl auf ein Backblech.
5. Backen Sie für 10 Minuten.
6. Herausnehmen und heiß servieren!

ERNÄHRUNG: Menge pro eine Portion: 60 Kal., 3g Fett, 2g Eiweiß & 2g Kohlenhydrate.

Gebackene Tortillas

Zubereitungszeit: 10 Minuten

Kochzeit: 20 Minuten

Portionen: 4

ZUTATEN:

- 1 großer Blumenkohlkopf, in Röschen zerteilt.
- 4 große Eier
- 2 Knoblauchzehen (gehackt)
- 1 ½ Teelöffel Kräuter (was auch immer Ihr Favorit ist - Basilikum, Oregano, Thymian)
- ½ Teelöffel Salz

RICHTUNG:

1. Heizen Sie den Ofen auf 190°C vor.
2. Legen Sie Pergamentpapier auf zwei Backbleche.
3. Zerkleinern Sie den Blumenkohl in einer Küchenmaschine zu Reis.
4. Geben Sie ¼ Tasse Wasser und den gewürfelten Blumenkohl in einen Kochtopf.
5. Kochen Sie sie bei mittlerer Hitze 10 Minuten lang, bis sie weich sind. Abtropfen lassen.
6. Mit einem sauberen Küchentuch abtrocknen.
7. Mischen Sie den Blumenkohl, die Eier, den Knoblauch, die Kräuter und das Salz.
8. Machen Sie 4 dünne Kreise auf dem Pergamentpapier.
9. 20 Minuten backen, bis sie trocken sind.

ERNÄHRUNG: Menge pro eine Portion: 89 Kal., 6g Fett, 3g Eiweiß & 4g Kohlenhydrate.

DESSERTS

Bananen-Creme-Fettbomben

Zubereitungszeit: 10 Minuten

Kochzeit: 0 Minuten

Portionieren: 12 Fettbomben

ZUTATEN:

- ¾ Tasse schwere Schlagsahne
- 1 Esslöffel Bananenextrakt
- 1¼ Tassen Frischkäse, Raumtemperatur
- 6 Tropfen flüssiges Stevia
- SONDERAUSSTATTUNG:

- Eine Muffinform mit 12 Mulden

RICHTUNG:

1. Legen Sie die 12er-Muffinform mit 12 Papierförmchen aus.

2. Schlagen Sie alle Zutaten in einer großen Schüssel 5 Minuten lang auf, bis sie eine dickflüssige und mousseartige Konsistenz haben.

3. Gießen Sie die Mischung in die 12 Förmchen der Muffinform. Stellen Sie die Muffinform zum Kühlen für 1 Stunde in den Kühlschrank.

4. Die Muffinform aus dem Kühlschrank nehmen und gekühlt servieren.

TIPP: Bewahren Sie sie in einem luftdichten Behälter im Kühlschrank bis zu 4 Tage oder im Gefrierschrank länger als 2 Wochen auf.

ERNÄHRUNG: Kalorien: 125 Gesamtfett: 12,1g Kohlenhydrate: 0,9g Eiweiß: 3,1g

Gefrorene Blaubeer-Keto-Fettbomben

Zubereitungszeit: 10 Minuten

Kochzeit: 0 Minuten

Portionieren: 12 Fettbomben

ZUTATEN:

- ½ Tasse Heidelbeeren, püriert
- ½ Tasse Kokosnussöl, bei Raumtemperatur
- ½ Tasse Frischkäse, bei Raumtemperatur
- 1 Prise Muskatnuss
- 6 Tropfen flüssiges Stevia
- SONDERAUSSTATTUNG:
- Eine Muffinform mit 12 Mulden

RICHTUNG:

1. Legen Sie die 12er-Muffinform mit 12 Papierförmchen aus.

2. Geben Sie alle Zutaten in einen Mixer und verarbeiten Sie sie, bis sie eine dickflüssige und mousseartige Konsistenz haben.

3. Gießen Sie die Mischung in die 12 Förmchen der Muffinform. Stellen Sie die Muffinform zum Kühlen für 1 bis 3 Stunden in den Kühlschrank.

4. Die Muffinform aus dem Kühlschrank nehmen und gekühlt servieren.

TIPP: Bewahren Sie sie in einem luftdichten Behälter im Kühlschrank bis zu 4 Tage oder im Gefrierschrank länger als 2 Wochen auf.

ERNÄHRUNG: Kalorien: 118 Gesamtfett: 12,1g Kohlenhydrate: 1,1g Eiweiß: 1,2g

Vanille und Sahne Vanillepudding

Zubereitungszeit: 10 Minuten

Kochzeit: 3 Stunden

Portionieren: 4

ZUTATEN:

- 4 Eigelb, leicht verquirlt
- 3 Becher Vollfett-Sahne
- 2 Teelöffel Vanilleextrakt
- 5 Tropfen Stevia

RICHTUNG:

1. Kombinieren Sie die geschlagenen Eigelbe, die Sahne, den Vanilleextrakt und das Stevia in einer Schüssel und füllen Sie sie dann in eine hitzebeständige Schale.

2. Stellen Sie die Schale in den Schongarer. Gießen Sie das heiße Wasser in den langsamen Kocher um die Schüssel herum, bis etwa die Hälfte der Seiten der Schüssel erreicht ist.

3. Setzen Sie den Deckel des Schongarers auf und kochen Sie ihn 3 Stunden lang auf HIGH.

4. Nehmen Sie den Pudding aus dem Slow Cooker und servieren Sie ihn heiß.

TIPP: Bewahren Sie den Pudding in einem luftdichten Behälter im Kühlschrank für maximal 3 Tage auf, da er sonst seine Frische verliert.

ERNÄHRUNG: Kalorien: 314 Gesamtfett: 32,0g Kohlenhydrate: 3,0g Eiweiß: 3,0g

Erdbeer-Käsekuchen

Zubereitungszeit: 10 Minuten

Kochzeit: 6 Stunden

Portionieren: 8

ZUTATEN:

BASIS:

- ½ Tasse getrocknete Kokosnuss
- 1 Tasse gemahlene Haselnüsse

- 1 Teelöffel gemahlener Zimt
- 2 Teelöffel Vanilleextrakt
- 2 Unzen (57 g) Butter, geschmolzen

FÜLLEN:

- 1 Becher saure Sahne
- 2 Tassen Frischkäse
- 2 Eier, leicht verquirlt
- 2 Teelöffel Vanilleextrakt
- 8 große Erdbeeren, zerkleinert

RICHTUNG:

1. Stellen Sie die Basis her: Kombinieren Sie alle Zutaten für die Basis in einer Schüssel. Rühren Sie sie gut durch. Gießen Sie die Mischung in eine hitzebeständige Schale.

2. Machen Sie die Füllung: Kombinieren Sie alle Zutaten für die Füllung, außer den Erdbeeren, in einem Mixer. Verarbeiten Sie sie, bis sie cremig und glatt sind, und mischen Sie dann die gehackten Erdbeeren unter.

3. Gießen Sie die Erdbeermischung über die Basismischung. Verwenden Sie einen Löffel, um die Mischung zu ebnen.

4. Stellen Sie die Schale in den Schongarer. Gießen Sie das heiße Wasser in den langsamen Kocher um die Schüssel herum, bis etwa die Hälfte der Seiten der Schüssel erreicht ist.

5. Setzen Sie den Deckel des Schongarers auf und kochen Sie ihn auf NIEDRIG für 6 Stunden oder bis ein Messer in der Mitte sauber herauskommt.

6. Nehmen Sie das Gericht aus dem Slow Cooker. Lassen Sie das Gericht 10 Minuten lang abkühlen und stellen Sie es dann vor dem Servieren 1 Stunde lang in den Kühlschrank.

TIPP: Bewahren Sie den Käsekuchen in einem luftdichten Behälter im Kühlschrank für maximal 5 Tage auf, sonst verliert er seine Frische.

ERNÄHRUNG: Kalorien: 421 Gesamtfett: 38,7g Kohlenhydrate: 9,7g Eiweiß: 10,3g

Zitronen-Käsekuchen

Zubereitungszeit: 10 Minuten

Kochzeit: 6 Stunden

Portionieren: 10

ZUTATEN:

BASIS:

- 1 Teelöffel Zimt
- 1 Tasse Pekannüsse, fein gemahlen
- 2 Unzen (57 g) Butter, geschmolzen

FÜLLEN:

- 1 Zitrone
- 1 Becher saure Sahne
- 2 Tassen Frischkäse
- 2 Eier, leicht verquirlt
- 5 Tropfen Stevia
- 1 Becher schwere Schlagsahne, zum Garnieren

RICHTUNG:

1. Stellen Sie die Basis her: Kombinieren Sie alle Zutaten für die Basis in einer Schüssel. Rühren Sie sie gut durch. Gießen Sie die Mischung in eine hitzebeständige Schale.

2. Machen Sie die Füllung: Kombinieren Sie alle Zutaten für die Füllung in einem Mixer. Verarbeiten Sie sie, bis sie cremig und glatt sind.

3. Gießen Sie die Zitronenmischung über die Basismischung. Verwenden Sie einen Löffel, um die Mischung zu ebnen.

4. Stellen Sie die Schale in den Schongarer. Gießen Sie das heiße Wasser in den langsamen Kocher um die Schüssel herum, bis etwa die Hälfte der Seiten der Schüssel erreicht ist.

5. Setzen Sie den Deckel des Schongarers auf und kochen Sie ihn auf NIEDRIG für 6 Stunden oder bis ein Messer in der Mitte sauber herauskommt.

6. Nehmen Sie das Gericht aus dem Slow Cooker. Lassen Sie ihn 10 Minuten abkühlen und dann 1 Stunde lang im Kühlschrank abkühlen. Verteilen Sie die Creme vor dem Servieren über den Käsekuchen.

TIPP: Bewahren Sie den Käsekuchen in einem luftdichten Behälter im Kühlschrank für maximal 5 Tage auf, sonst verliert er seine Frische.

ERNÄHRUNG: Kalorien: 351 Gesamtfett: 34,3g Gesamtkohlenhydrate: 5,8g Ballaststoffe: 1,1g Netto-Kohlenhydrate: 4,7g Protein: 7,2g

Kakao-Karamell

Zubereitungszeit: 10 Minuten

Kochzeit: 0 Minuten

Portionieren: 12 Fudges

ZUTATEN:

- 1 Tasse Kokosnussöl, weich, aber noch fest
- ¼ Tasse Kokosnussmilch mit vollem Fettgehalt
- ¼ Tasse Bio-Kakaopulver
- ¼ Tasse Swerve Süßstoff nach Art der Konditoren
- 1 Teelöffel Vanilleöl oder -extrakt
- ½ Teelöffel Mandelöl-Extrakt
- ½ Teelöffel keltisches Meersalz

RICHTUNG:

1. Legen Sie eine Brotbackform mit Pergamentpapier aus.

2. Machen Sie den Fondant: Kombinieren Sie die Kokosmilch und das Kokosöl in einem Mixer und pulsieren Sie dann, bis die Masse cremig und glatt ist.

3. Geben Sie die restlichen Zutaten in den Mixer und pulsieren Sie, um sie gut zu kombinieren.

4. Gießen Sie die Mischung in die Laibform und frieren Sie sie 15 Minuten lang im Gefrierfach ein, bis sie fest ist.

5. Nehmen Sie den gefrorenen Fondant aus der Brotform und schneiden Sie ihn vor dem Servieren mit einem Messer in Quadrate.

TIPP: Wenn Sie etwas knusprigen Geschmack in den Fondant bringen möchten, können Sie bei Schritt 3 einige zerkleinerte Walnüsse oder Haselnüsse in die Masse mischen.

ERNÄHRUNG: Kalorien: 173 Gesamtfett: 20,1g Gesamtkohlenhydrate: 1,2g Ballaststoffe: 0,6g Netto-Kohlenhydrate: 0,6g Protein: 1,1g

Erdnussbutter-Brombeer-Riegel

Zubereitungszeit: 30 Minuten

Kochzeit: 0 Minuten

Portion: 8 Riegel

ZUTATEN:

- 1 Tasse Erdnussbutter
- ½ Tasse Kokosnusscreme
- ½ Tasse Brombeeren (frisch oder gefroren)
- 1 Esslöffel Zitronensaft
- ½ Teelöffel Vanilleextrakt

RICHTUNG:

1. Geben Sie alle Zutaten in einen Kochtopf und erhitzen Sie sie bei mittlerer bis niedriger Hitze, bis sie sich gut verbinden. Ständig umrühren.

2. Gießen Sie die Mischung in einen Mixer und verarbeiten Sie sie, bis die Mischung glänzt.

3. Gießen Sie die Mischung auf ein mit Pergamentpapier ausgelegtes Backblech.

4. Legen Sie das Blech in den Gefrierschrank, um es 30 Minuten lang oder bis zum Gefrieren zu kühlen.

5. Nehmen Sie die gefrorenen Brocken aus dem Gefrierschrank und schneiden Sie sie vor dem Servieren in 8 Riegel.

TIPP: Sie können die Riegel in einem luftdichten Behälter im Kühlschrank bis zu 4 Tage aufbewahren.

ERNÄHRUNG: Kalorien: 252 Gesamtfett: 21,5g Gesamtkohlenhydrate: 7,9g Ballaststoffe: 2,8g Nettokohlenhydrate: 5,1g Protein: 8,8g

Leichte Beerenbisse

Zubereitungszeit: 35 Minuten

Kochzeit: 0 Minuten

Portion: 6 Bissen

ZUTATEN:

- 1 Tasse Kokosnussöl
- ½ Tasse gemischte Beeren (frisch oder gefroren)
- 1 Teelöffel Vanilleextrakt

RICHTUNG:

1. Schmelzen Sie das Kokosnussöl in einem Topf bei mittlerer bis niedriger Hitze.

2. Geben Sie das geschmolzene Kokosnussöl in einen Mixer und fügen Sie dann die Beeren und den Vanilleextrakt hinzu. Verarbeiten Sie die Mischung, bis sie glänzend ist.

3. Gießen Sie die Mischung auf ein mit Pergamentpapier ausgelegtes Backblech.

4. Legen Sie das Blech in den Gefrierschrank und kühlen Sie es 25 Minuten lang oder bis es gefroren ist.

5. Nehmen Sie die gefrorenen Brocken aus dem Gefrierschrank und schneiden Sie sie vor dem Servieren in 6 Stücke.

TIPP: Sie können die Bissen in einem luftdichten Behälter im Kühlschrank bis zu 4 Tage aufbewahren.

ERNÄHRUNG: Kalorien: 342 Gesamtfett: 37,4g Gesamtkohlenhydrate: 1,9g Ballaststoffe: 0,8g Netto-Kohlenhydrate: 1,1g Protein: 0g

Matcha-Kugeln mit Kokosnuss

Zubereitungszeit: 25 Minuten

Kochzeit: 0 Minuten

Portionieren: 16 Kugeln

ZUTATEN:

- ½ Tasse ungesüßte Kokosnussmilch
- 1 Teelöffel Vanilleextrakt
- 1 Tasse Kokosnussbutter
- 1 Tasse Kokosnussöl
- 1½ Teelöffel Matcha-Grünteepulver

- 2 Esslöffel Bio-Zitronenschale
- Meersalz, nach Geschmack
- 1 Tasse Kokosraspeln

RICHTUNG:

1. Kombinieren Sie alle Zutaten, außer den Kokosraspeln, in einer mikrowellenfesten Schüssel. Mikrowelle für 10 Sekunden, bis das Kokosnussöl schmilzt.

2. Rühren Sie die Mischung in der Schüssel um, damit sie sich gut verbindet. Wickeln Sie die Schüssel in Plastik ein und stellen Sie sie zum Kühlen für 1 Stunde in den Kühlschrank.

3. Verteilen Sie eine halbe Tasse Kokosraspeln auf dem Boden eines mit Pergamentpapier ausgelegten Backblechs.

4. Nehmen Sie die Schüssel aus dem Kühlschrank und formen Sie die gefrorene Masse mit einem Esslöffel zu 16 Kugeln.

5. Die Kugeln durch die Kokosraspeln auf dem Backblech rollen, dann mit der restlichen Kokosnuss bedecken.

6. Legen Sie das Blech zum Abkühlen für weitere 15 Minuten in den Kühlschrank.

7. Nehmen Sie die Kugeln aus dem Kühlschrank und servieren Sie sie gekühlt.

TIPP: Sie können die Kugeln in einem luftdichten Behälter im Kühlschrank bis zu 12 Tage aufbewahren.

ERNÄHRUNG: Kalorien: 263 Gesamtfett: 27,8 g Gesamtkohlenhydrate: 5,3 g Ballaststoffe: 3,2 g Nettokohlenhydrate: 2,1 g Eiweiß: 0,4 g

Leichte Sesam-Kekse

Zubereitungszeit: 10 Minuten

Kochzeit: 15 Minuten

Portion: 16 Kekse

ZUTATEN:

FRIEDEN:

- 1/3 Tasse Mönchsfrucht-Süßstoff, granuliert

- ¾ Teelöffel Backpulver
- 1 Tasse Mandelmehl

WET:

- 1 Ei
- 1 Teelöffel geröstetes Sesamöl
- ½ Tasse grasgefütterte Butter, bei Raumtemperatur
- ½ Tasse Sesamsamen

RICHTUNG:

1. Heizen Sie den Ofen auf 375°F (190°C) vor.
2. Vermengen Sie alle trockenen Zutaten in einer Schüssel. Verquirlen Sie alle feuchten Zutaten in einer separaten Schüssel.
3. Gießen Sie die feuchte Mischung in die Schüssel für die trockenen Zutaten. Rühren Sie, bis die Mischung eine dicke Konsistenz hat und einen Teig bildet.
4. Geben Sie die Sesamsamen in eine dritte Schüssel. Teilen Sie den Teig und formen Sie ihn zu 16 1½-Zoll-Kugeln. Tauchen Sie die Kugeln dann in die Schüssel mit Sesamsamen, um sie gut zu beschichten.
5. Schlagen Sie die Kugeln, bis sie ½ Zoll dick sind, und legen Sie sie dann auf ein mit Pergamentpapier ausgelegtes Backblech. Lassen Sie zwischen den einzelnen Kugeln ein wenig Platz.
6. Im vorgeheizten Ofen 15 Minuten backen oder bis sie fest und gut gebräunt sind.
7. Nehmen Sie die Kekse aus dem Ofen und lassen Sie sie vor dem Servieren ein paar Minuten abkühlen.

TIPP: Sie können die Kekse in einem luftdichten Behälter im Kühlschrank bis zu 5 Tage oder im Gefrierschrank bis zu 1 Monat aufbewahren.

ERNÄHRUNG: Kalorien: 174 Gesamtfett: 17,2g Gesamtkohlenhydrate: 1,9g Ballaststoffe: 1,1g Netto-Kohlenhydrate: 0,8g Protein: 3,1g

30-TAGE-DIÄT-MAHLZEITENPLAN

DAY	FRÜHSTÜCK	MITTAGESSEN	DINNER
1	Grüne Bananenpfannkuchen	Rindfleisch mit Krautnudeln	Gebratenes Huhn mit grünen Bohnen und Brokkoli
2	Beeren-Brotaufstrich	Teller mit Roastbeef und Mozzarella	Hähnchenbrüste mit cremiger Grünkohlsauce
3	Schokoladen-Brotaufstrich	Rindfleisch und Brokkoli	Thymian-Hähnchen mit Champignons & Steckrüben
4	Keto-Mandel-Getreide	Knoblauch-Kräuter-Rindsbraten	Würzige Hähnchen-Dipper mit hausgemachtem Ketchup
5	Keto Granola Müsli	Sprossenbraten mit Grünkohl, Brokkoli und Rindfleisch	Indisches Huhn mit Champignons
6	Keto Frucht Müsli	Rindfleisch und Gemüsepfanne	Käsige Pinwheels mit Huhn
7	Keto Huhn und Avocado	Rindfleisch, Paprika und grüne Bohnen gebraten	Rosmarin-Rindslende
8	Keto Mandel Pfannkuchen	Käsiger Hackbraten	Rindfleisch-Wellington
9	Keto-Fleischbällchen	Roastbeef und Gemüseteller	Rindfleisch mit Pilzsauce
10	Keto-Rührei	Steak- und Käseteller	Lammkarree mit Kräutern
11	Käsiges Blumenkohlpüree mit Speck	Knusprige Steaks mit Rosmarin	Gebratene Lammkeule
12	Käsige Blumenkohlkrapfen	Sesam-Thunfisch-Salat	Gefülltes Schweinefilet

13	Tabasco Deviled Eggs	Keto Thunfisch Sandwich	Klebrige Schweinerippchen
14	Gebratene Artischocken mit Zitrone	Thunfisch Melt Jalapeno Paprika	Huhn und Kohl Suppe
15	Hähnchen-Wraps nach italienischer Art	Räucherlachs-Fettbomben	Schweinefleischsuppe
16	Geschichtete Zucchini & Paprika-Auflauf	Lachs-Gurken-Rollen	Schweinefleisch-Senfgrün-Suppe
17	Gebratener Blumenkohl mit Serranoschinken & Pinienkernen	Mahi-Mahi im Speckmantel	Einfache Hühner-Zwiebel-Suppe
18	Gebackene Käse- & Spinatbällchen	Käsiges Knoblauchbrot mit Räucherlachs	Lauch-Puten-Suppe
19	Knusprige Schweinerind-Zucchini-Sticks	Nudelsalat mit geräuchertem Lachs	Italienische Tomatensuppe
20	Parmesan-Cracker mit Guacamole	Thunfischsalat-Gurken-Boote	Brokkoli-Creme-Suppe
21	Gefüllte Eier mit Sriracha-Mayo	Shrimp Deviled Eggs	Zucchini-Sellerie-Suppe
22	Käsiger Blumenkohl-Auflauf mit Senf-Soße	Tilapia mit Kräuterkruste	Speck Grün Suppe
23	Balsamico-Rosenkohl mit Prosciutto	Gefüllte Avocado mit Thunfisch	Rindsuppe mit Kräutern
24	Chipotle-Jicama-Haschee	Knoblauchbutter Lachs	Rindfleisch-Pilz-Suppe
25	Gebratener Queso Blanco	Rosmarin-Hähnchen mit Avocado-Sauce	Truthahn-Taco-Suppe
26	Spinat mit Speck & Schalotten	Gefüllte Hühnerbrüste	Blumenkohl-Lamm-Suppe
27	Wurstspieße mit Speck umwickelt	Paprikahuhn & Pancetta in der Pfanne	Zitronige Hühner- und Schnittlauchsuppe
28	Gebratener Rosenkohl & Speck	Kohlrabi & Artischocken-Huhn	Blumenkohl mit Artischocken-Pizza
29	Schinken-Käse-Brötchen	Huhn in Erdnusskruste	Chili Kraut Wedges

| 30 | Hillbilly-Käse-Überraschung | Knusprige Hähnchen-Nuggets | Blumenkohl, Lauch und Brokkoli |

SCHLUSSFOLGERUNG

Der beste Weg, um schnell und effektiv Gewicht zu verlieren, ist eine gesunde ketogene Diät. Es ist die einzige Diät, die nachweislich dabei hilft, schnell Gewicht zu verlieren, auch wenn Sie nicht in bester Form sind. Sie ist einfach zu befolgen und erlaubt Ihnen, die Lebensmittel zu genießen, die Sie lieben, während Sie Fett verbrennen und den Heißhunger auf kalorienreiche Lebensmittel reduzieren.

Dieses Keto-Diät-Kochbuch ist gefüllt mit köstlichen Rezepten und Mahlzeitenplänen für Einzelpersonen und Familien. Sie finden auch detaillierte Informationen darüber, wie Sie mit dieser Diät beginnen können, wie viel Gewicht Sie durch diese Diät voraussichtlich verlieren werden und welche Lebensmittel am besten geeignet sind, um Fett zu verlieren.

Wenn Sie ein neues Produkt finden, ist es verlockend, sofort loszulegen und es auszuprobieren. Stattdessen sollten Sie sich immer die Zeit nehmen, mehr über Ihr neues Produkt zu erfahren, bevor Sie es verwenden. Dies gilt besonders bei einem so wichtigen Produkt wie einer Diät. Wenn Sie z. B. eine Keto-Diät beginnen möchten, müssen Sie alles darüber erfahren, was Sie können, bevor Sie loslegen. Für Ihre Bequemlichkeit haben wir ein komplettes Keto-Diät-Kochbuch für Sie erstellt!

Wenn Sie einmal mit der Keto-Diät begonnen haben, hoffen wir, dass dieses Keto-Diät-Kochbuch Ihnen die Zubereitung schmackhafter Mahlzeiten erleichtern wird.

Ketose ist ein Stoffwechselzustand, der einen Hungerzustand nachahmt. Wenn den Körperzellen die Glukose aus Kohlenhydraten fehlt, beginnen sie, Fett in Energie umzuwandeln. Der Körper reagiert auf natürliche Weise, indem er die Fettproduktion in der Leber verlangsamt, und dieser Prozess wird als Ketose bezeichnet. Wissenschaftler glauben, dass dies ein effektiverer Weg zur Fettverbrennung sein kann als ständiges aerobes Training.

Keto ist heute eine der beliebtesten Diäten der Welt. Sie ist auch eine der umstritteneren, und es gibt viele Gründe, warum sie so beliebt ist.

Zunächst einmal ist die Diät relativ einfach zu befolgen. Es gibt nicht viele Einschränkungen, die Sie befolgen müssen, um Ergebnisse zu erzielen. Sie können so viele natürliche Lebensmittel essen, wie Sie wollen, und Ihr Gewicht wird nicht sinken, wenn Sie nicht genug essen. Es sind auch keine ungesunden hohen Zucker oder Kohlenhydrate in den Lebensmitteln enthalten, die Sie bei einer Keto-Diät essen.

Es gibt mehrere andere Faktoren, die eine Rolle in der Tatsache, dass diese Diät so beliebt ist, spielen kann, aber sie sind derzeit nicht in diesem Buch popularisiert. Das Buch deckt jedoch einige dieser Bereiche ab. Wenn Sie also mehr darüber erfahren möchten, können Sie das Buch gerne online lesen, falls Sie es noch nicht getan haben!

Letztendlich geht es aber darum, dass man mit minimalem Aufwand abnehmen möchte. Keto kann für manche Menschen eine Herausforderung sein, weil es die Änderung der Art und Weise, wie Sie Ihre Mahlzeiten zu sich nehmen, beinhaltet, aber es kann für andere ganz einfach sein. Darüber hinaus finden viele Menschen es vorteilhaft, weil sie feststellen, dass die Vorteile die Nachteile überwiegen, wenn sie ihre neue Lebensweise über einen längeren Zeitraum beibehalten. Wenn das nach etwas klingt, von dem Sie profitieren könnten

Lightning Source UK Ltd.
Milton Keynes UK
UKHW020659190321
380631UK00004B/28